# LES COLONIES FRANÇAISES

NOTICES ILLUSTRÉES

Publiées

PAR ORDRE DU SOUS-SECRÉTAIRE D'ÉTAT DES COLONIES

SOUS LA DIRECTION DE M. LOUIS HENRIQUE
Commissaire spécial de l'Exposition coloniale.

---

## LA GUINÉE, OBOCK

PARIS
MAISON QUANTIN
COMPAGNIE GÉNÉRALE D'IMPRESSION ET D'ÉDITION
7, rue Saint-Benoît, 7

1890

LES

# COLONIES FRANÇAISES

*NOTICES ILLUSTRÉES*

Publiées

PAR ORDRE DU SOUS-SECRÉTAIRE D'ÉTAT DES COLONIES

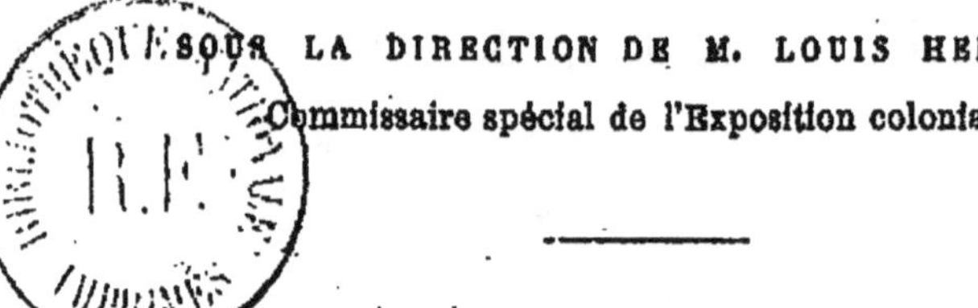


SOUS LA DIRECTION DE M. LOUIS HENRIQUE

Commissaire spécial de l'Exposition coloniale.

---

## LA GUINÉE, OBOCK

PARIS

MAISON QUANTIN

COMPAGNIE GÉNÉRALE D'IMPRESSION ET D'ÉDITION

7, rue Saint-Benoît, 7

---

Cette publication, conçue sur un plan absolument nouveau, est, avant tout, un ouvrage de vulgarisation, qui a pour but de faire connaître au public nos possessions d'outre-mer sous l'aspect le plus réel, le plus vivant et le plus attrayant tout à la fois.

Ce n'est ni une simple description géographique, ni un précis historique écourté, ni une banale énumération de noms et de produits, ni un recueil de chiffres, tableaux et renseignements statistiques, encore moins un plaidoyer en faveur de tel ou tel système de politique coloniale : c'est une œuvre sincère, impartiale.

C'est la description fidèle des pays lointains, mal connus et mal jugés souvent, qui forment notre domaine extérieur, la peinture exacte des habitants qui peuplent ces petites Frances disséminées à travers les Océans, une sorte d'inventaire de notre richesse coloniale.

C'est pour le colon, le commerçant, le voyageur, une source de documents précieux sur le climat, l'alimentation, l'hygiène, les prix des denrées, le taux des salaires, les genres de culture et leur production, les voies et moyens de transport, le coût des voyages : en un mot, sur tout ce qui constitue la vie économique et sociale dans chacune de nos colonies ; nous signalons même ce chapitre des notices comme particulièrement nouveau.

L'ouvrage comprend cinq parties, formant chacune un volume, divisé chacun en quatre fascicules :

I. — **Colonies et protectorats de l'océan Indien.** — La Réunion. — Mayotte, les Comores, Nossi-Bé, Diégo-Suarez, Sainte-Marie de Madagascar. — L'Inde française. — Suivis d'une notice sur Madagascar.

II. — **Colonies d'Amérique.** — La Martinique. — La Guadeloupe. — Saint-Pierre et Miquelon. — La Guyane.

III. — **Colonies et protectorats d'Indo-Chine.** — Cochinchine. — Cambodge. — Annam. — Tonkin.

IV. — **Colonies et protectorats de l'océan Pacifique.** — La Nouvelle-Calédonie. — Tahiti, les Iles-sous-le-Vent. — Wallis, Futuna, Kerguelen. — Suivis d'une notice sur les Nouvelles-Hébrides.

V. — **Colonies d'Afrique.** — Le Sénégal. — Le Soudan français. — Le Gabon-Congo. — La Guinée. Obock.

M. Louis Henrique, commissaire spécial de l'Exposition coloniale, a été officiellement chargé par M. le Sous-Secrétaire d'État des Colonies d'élaborer le plan de l'ouvrage et d'en diriger la publication. Il a eu pour collaborateurs :

| | | | |
|---|---|---|---|
| MM. | Charvein. | MM | Baron Michel. |
| | Clos. | | Moriceau. |
| | Deloncle (J.-L.). | | Pellegrin. |
| | Duluc (Jean). | | Raoul. |
| | Ebrard St-Ange. | | Révoil. |
| | de Fonvielle. | | Tréfeu. |
| | François. | | Vérignon. |

Toutes les illustrations ont été dessinées d'après nature spécialement pour cet ouvrage; une ou plusieurs cartes dressées par M. Paul Pelet, d'après les documents les plus récents et les plus complets, accompagnent chaque monographie.

CÔTE
DE GUINÉE

Malgré la distance considérable qui sépare nos établissements de la Côte d'Ivoire et de la Côte d'Or de ceux du golfe de Bénin, on a cru devoir réunir, dans les quatre premiers chapitres de ce travail, les renseignements généraux qui s'appliquent à l'un et à l'autre de ces deux groupes de possessions, tant au point de vue historique et géographique qu'au point de vue politique et économique. On a toutefois consacré un chapitre particulier à chacune de ces deux colonies; le chapitre V est spécial à Grand-Bassam et à Assinie; le chapitre VI contient ce qui a trait plus particulièrement à Porto-Novo et Grand-Popo.

De même que la description générale a été divisée en quatre chapitres : histoire, géographie et ethnographie, administration, économie politique et sociale, les chapitres V et VI ont été coupés en quatre parties qui correspondent chacune à l'un des chapitres de la description générale du pays.

## CHAPITRE PREMIER

### Précis historique

**Mémoire de M. de Santarem. — Témoignage des auteurs normands. — Mémoires de Villaut de Bellefonds et de Dapper. — Les compagnies privilégiées. — Le fort de Whydah. — Les établissements français de la côte de Guinée au XIXe siècle.**

MÉMOIRE DE M. DE SANTAREM. — Vers 1842, au moment où les territoires d'Assinie et de Grand-Bassam devenaient possessions françaises, un savant portugais, M. de Santarem, fit paraître à Lisbonne un mémoire *sur la priorité de la découverte des pays situés sur la côte occidentale d'Afrique.*

Le but de cette publication était de réfuter les assertions de MM. Estancelin et Vitet, qui attribuaient à des navigateurs normands les premiers voyages faits par les Européens sur cette côte de l'Afrique, et principalement sur la côte de Guinée.

Les raisons que donnait M. de Santarem étaient un peu spécieuses [1]. Cependant l'apparition de ce mémoire eut un retentissement d'autant plus grand, qu'en France on fut alors dans l'impossibilité de réfuter ses assertions d'une manière indiscutable en produisant des pièces convaincantes, car les archives de l'amirauté du port de Dieppe, où ces pièces pouvaient se trouver, avaient été détruites par le feu, en 1694, lors du bombardement de la ville par les Anglais.

TÉMOIGNAGES DES AUTEURS NORMANDS. — On put néanmoins lui opposer le témoignage concordant de plusieurs vieux auteurs normands, Asseline, Guibert, Croisé, dont les récits sont confirmés par les ouvrages des savants portugais Barros et Abren de Galindo et par celui du chroniqueur arabe Ibn-al-Khaldoun.

Ces différents auteurs s'accordent à raconter que, pen-

1. Les principales raisons données par M. de Santarem étaient les suivantes. Oubliant qu'au XIVe siècle, les chroniqueurs ne relataient guère que les faits politiques, religieux ou militaires, auxquels le roi de France ou les personnages de la cour étaient mêlés, il prétendait que, si les expéditions des marins dieppois avaient réellement eu lieu, ces chroniqueurs, Froissart tout le premier, en eussent parlé. De plus, la mappemonde du manuscrit des Chroniques de Saint-Denis qui porte le seing de Charles V (elle est aujourd'hui à la bibliothèque Sainte-Geneviève) ne donne aucun renseignement sur la côte d'Afrique, et c'est là pour M. de Santarem l'indice certain qu'aucun navigateur français n'avait fait à cette époque de voyage en ces contrées. Mais cette raison ne prouve rien, car, en ces temps-là, où les communications étaient rares et difficiles, il est à peu près certain que l'auteur de la mappemonde ignorait les explorations des Dieppois; il est même probable que de leur côté, ces derniers, même s'ils avaient appris la construction de cette mappemonde, n'eussent rien dit au constructeur, afin de conserver pour eux seuls le bénéfice de la découverte.

dant tout le XIVe siècle, les navires dieppois firent de nombreux voyages à la côte de Guinée ; certains d'entre eux citent même les noms de plusieurs de ces navires[1].

MÉMOIRES DE VILLAUT DE BELLEFONDS ET DE DAPPER. — Tous ces récits semblent d'ailleurs être confirmés par un voyageur français, nommé Villaut de Bellefonds, qui, ayant visité la Guinée de 1666 à 1668, adressa lors de son retour à Colbert, sous le titre de : *Relation des côtes d'Afrique appelées Guinée*, un mémoire fort intéressant. Ayant retrouvé dans ce pays des traces nombreuses de l'occupation française, il voulut écrire l'histoire de ces premières expéditions, alla à Dieppe en 1668 (c'est-à-dire à une époque où les archives de l'Amirauté n'avaient pas encore été brûlées), compulsa avec soin les journaux de bord ainsi que les divers documents qui y étaient rassemblés, et joignit le résultat de ses recherches à son récit personnel[2].

1. D'après eux, ce furent trois navires de Dieppe qui allèrent les premiers sur la côte de Guinée en 1339. En 1364, deux navires du même port visitèrent un cap constamment ombragé par de la verdure (le cap Vert), le pays de Boulombel, où les fauves se trouvaient en si grand nombre que les Portugais, qui vinrent plus tard, le nommèrent *Sierra Leone* (Montagne des lions); ces bâtiments s'arrêtèrent à un pays qui ressemblait tellement à leur pays natal qu'ils l'appelèrent *Petit-Dieppe*. La même année, deux navires longèrent, l'un la côte du *Poivre* ou des *Graines*, l'autre la côte des *Dents* et celle de l'*Or*. En 1380, partait pour ces mêmes pays la *Notre-Dame de Bon-Voyage;* en septembre 1381, la *Vierge*, l'*Espérance* et le *Saint-Nicolas* se rendaient au comptoir de la Mine (dont les Portugais ont fait ensuite *El Mina*) et créaient des établissements à Acra et à Cormentin. Enfin, en 1383, les Dieppois fondaient à la Mine une colonie que la querelle des Armagnacs et des Bourguignons d'abord, puis la guerre contre les Anglais, firent abandonner vers 1413. Ce n'est que plusieurs années après, alors que le passage des Français était à peine resté à l'état de souvenir, que les Portugais firent leur première apparition dans le pays.

2. M. de Santarem, parlant de Villaut de Bellefonds, prétendit que cet auteur ne méritait aucune créance, puisqu'il était le premier des chroniqueurs français qui ait parlé des voyages des Dieppois

Villaut de Bellefonds n'est d'ailleurs pas le seul qui ait parlé des voyages de nos compatriotes de Dieppe sur cette partie de la côte d'Afrique. En 1686, un médecin hollandais, Dapper, écrivait dans sa *Description des côtes de Guinée*, que ses compatriotes avaient, quelques années avant l'apparition de son ouvrage, relevé une batterie connue dans la contrée sous le nom de *batterie des Français*; il ajoutait en outre avoir appris, de la bouche d'indigènes, que les gens de cette nation étaient venus dans le pays avant les Portugais (l'arrivée de ceux-ci remonte seulement au XV^e^ siècle). On trouva, en effet, gravés sur une pierre recouverte de mousse, les deux premiers chiffres du nombre 1300, mais il fut impossible de distinguer les deux autres. Dapper raconte également que, dans la forteresse d'Elmina, il avait vu les Hollandais assister à la messe dans une chapelle où les armes de France étaient à peine effacées [1].

Quoi qu'il en soit d'ailleurs, cette question de priorité de

au XIV^e^ siècle. Or Villaut de Bellefonds est le seul qui ait eu entre les mains des pièces et des documents qui n'existent plus depuis 1694.

1. Prenant la plupart du temps les Européens pour des gens d'une même nation, les indigènes s'obstinaient également à leur répéter le mot *malaguette*. Or il est constaté que ce mot qui appartient au vieux français du moyen âge et signifie *poivre* est tombé en désuétude dans la première moitié du XV^e^ siècle. A cette époque, les naturels ne disaient ni *sestos*, ni *grain*, qui indique le même produit en portugais et en hollandais et le vieux mot de *malaguette* a tellement survécu en cette région qu'il y a encore quelques années une partie de la côte de Guinée était encore désignée sur les cartes marines sous le nom de *côte de Malaguette*.

Enfin, il peut être utile de citer encore un fait sur lequel le doute est impossible. Dès les premières années du XV^e^ siècle, les habitants de Dieppe étaient déjà renommés pour leur habileté à travailler l'ivoire; or cet ivoire, qui arrivait en quantité suffisante pour alimenter une industrie d'une telle importance, ne pouvait provenir du Portugal, dont les navires n'allèrent pour la première fois sur la côte d'Afrique qu'un certain nombre d'années plus tard.

découverte, que tous les travaux parus jusqu'à ce jour n'ont pu résoudre d'une façon réellement indiscutable, n'est plus d'une importance capitale à l'époque actuelle; ce qui nous intéresse c'est de suivre le développement agricole, industriel ou commercial de ces contrées.

LES COMPAGNIES PRIVILÉGIÉES. — Après avoir été assez actif pendant plusieurs siècles, le commerce des côtes de Guinée fut à peu près délaissé, dans le courant du XVIIIe siècle, pour celui des côtes de Sénégambie.

Indigènes de Porto-Novo.

Lorsqu'en 1685, la *Compagnie du Sénégal, côtes de Guinée et d'Afrique*, dût se scinder en deux, la seconde de ces sociétés prit le nom de *Compagnie de Guinée;* en 1702, elle devint *Compagnie de l'Assiento* et disparut en 1720; bientôt le commerce, devenu libre, passa entre les mains de quelques maisons de Rouen et de Bordeaux, qui envoyèrent assez régulièrement de petits navires explorer la côte; le principal trafic fut alors celui des esclaves, qui prit peu à peu une extension considérable.

LE FORT DE WHYDAH. — Notre principal établissement était alors celui de Whydah, sur la côte du royaume du Dahomey, où trois forts avaient été construits, l'un par les Français, les autres par les Anglais et par les Portugais[1]. Les autres comptoirs n'avaient qu'une importance absolument secondaire et ne tardèrent pas d'ailleurs à disparaître.

Les établissements français de la Cote de Guinée au xix<sup>e</sup> siècle. — Les Français, comme toutes les autres puissances européennes délaissèrent la Côte de Guinée pendant les périodes de la Révolution et de l'Empire.

Ce n'est que plus tard, sous le gouvernement de Juillet, qu'on songea à revenir sur cette côte pour s'y installer définitivement.

Comme on le verra plus loin (Chapitres V et VI), des traités furent passés avec différents chefs de la côte des Graines, de la côte d'Ivoire, de la côte d'Or et, en 1842, on occupait Grand-Bassam; en 1863, nous nous installions à Porto-Novo,

Après des vicissitudes sans nombre (évacuation en 1870, réoccupation, rattachement des possessions françaises au Gabon, puis au Sénégal), nos établissements de la côte de Guinée groupés en deux fractions importantes (côte d'Or et d'Ivoire, et côte des Esclaves), ont été rendus à peu près autonomes depuis le 1er janvier 1890.

Ils sont placés sous la haute autorité du lieutenant-gouverneur des Rivières du Sud. Mais ils sont administrés chacun par un résident, qui a le droit de correspondance directe avec l'administration centrale des colonies, et ils ont en outre chacun un budget spécial et des ressources particulières.

1. Chaque fort était entouré de son village. Le fort français, situé entre les deux autres, était le plus considérable; il était protégé par un fossé profond, bâti de forme carrée, construit en briques et flanqué de quatre bastions dont deux étaient armés chacun de douze pièces de canon, les deux autres de dix pièces chacun. Au centre de la cour intérieure était une chapelle surmontée d'un beffroi avec sa cloche; tout autour étaient des bâtiments qui servaient d'habitation pour les officiers et les employés de la compagnie.

Temple de la Maternité à Porto-Novo.

## CHAPITRE II

## Description géographique

Aspect général du pays. — La barre. — Les lagunes. — Constitution géologique de la contrée. — Les sables aurifères, le grès rouge et les alluvions. — La terre ferme gagne sur la mer. — Travaux de M. Borghero. — Faune. — Flore.

Aspect général du pays. — Le littoral de la Guinée a reçu des premiers voyageurs européens diverses dénominations qui le divisent en quatre parties distinctes, et il prend tour à tour, depuis la frontière sud-est de la colonie de Sierra Leone, les noms de : *côte des Graines*(ou *du Poivre*, ou *de Malaguette*), jusqu'au cap des Palmes, de *côte d'Ivoire* (ou *des Dents*), jusqu'à la rivière de Grand-Bassam, de *côte de l'Or* (ou *côte d'Or*), jusqu'au cap Saint-Paul et de *côte des Esclaves*, jusqu'au golfe de Bénin proprement dit.

Ces quatre parties n'ont pas un aspect bien différent les unes des autres; c'est toujours une rive basse, sablonneuse, souvent bordée de palétuviers et plantée çà et là de bouquets de cocotiers, séparée en certains endroits de la terre ferme par des lagunes assez étendues qui sont, tantôt parallèles, tantôt perpendiculaires à la côte. Plus loin, à l'horizon, en aperçoit des collines peu élevées qui ne sont que le premier étage d'une série de terrasses très boisées s'étendant au loin dans l'intérieur.

La barre. — Un phénomène qui s'appelle la *barre* et qui est assez commun sur toute la côte d'Afrique, mais redoutable seulement sur le littoral de Guinée, mérite une mention spéciale [1].

Le passage de cette barre, presque impossible tant que dure la saison des pluies (de mai à septembre), est une opération toujours difficile et dangereuse, surtout pour les navires qui veulent pénétrer dans les rivières; elle exige un beau temps, un vent favorable et des sondages con-

1. Dans cette contrée, la mer, en toute saison, déferle sur le rivage avec une violence extrême, surtout à l'embouchure des rivières. Les ondulations de l'Océan, d'abord assez fortes, grossissent peu à peu, en se dirigeant vers la côte; mais, avant d'y arriver, elles rencontrent au fond de la mer un relief du sol qui forme une série d'obstacles comparables aux dents d'une crémaillère. Alors les vagues se dressent, s'élevant en hauteur à chaque nouveau choc qui se produit, poursuivies elles-mêmes et souvent atteintes par d'autres vagues qui passent par-dessus les premières, en affectant la forme d'une volute. Il semble qu'elles vont arriver au rivage, engloutir ce qui est devant elles, mais bientôt elles se brisent et retombent en bouillonnant avec fracas, étalant sur le sable une eau écumeuse qui se retire avec une rapidité inouïe. A l'entrée des fleuves (principalement à l'embouchure de la Volta sur la côte d'Or anglaise), où le sable s'est accumulé, la fureur de la mer s'accentue davantage.

tinuels. Ordinairement les bâtiments ne communiquent avec la côte qu'au moyen de baleinières montées par une douzaine de vigoureux rameurs indigènes qui ont une grande expérience de la mer et connaissent fort bien les endroits dangereux [1].

Les lagunes. — Les lagunes que l'on rencontre entre la première bande littorale et la terre ferme sont alimentées par de nombreux cours d'eau; elles se déversent elles-mêmes dans l'Océan par une de leurs extrémités et leurs eaux, invariablement calmes et unies, forment un contraste curieux avec celles de la mer, toujours écumeuses.

La partie du rivage qui touche au continent est, en général, comme nous l'avons dit plus haut, couverte d'arbres ; de temps en temps se trouvent, au milieu de clairières assez vastes, des villages ordinairement entourés de champs de bananiers; puis, au loin, se dresse une succession de mamelons peu élevés (90 à 100 mètres au plus), au milieu desquels serpentent de petits ruisseaux qui se transforment en marécages, au moment de la saison des pluies.

Constitution géologique de la contrée. — La constitution géologique de la Guinée est à peu près la même que celle de Sierra Leone, de Kameroun et d'une partie du Congo. C'est un énorme banc de roches cristallisées, qui se présentent, tantôt sous forme de granit, tantôt sous forme de gneiss.

Du cap des Palmes à la baie de Lagos, les terrains que l'on rencontre sur la côte sont de deux espèces différentes.

1. Malgré l'habileté de ces indigènes, les marchandises ne parviennent pas toujours au complet et la perte causée par le passage de la barre est évaluée par les factoreries à 5 0/0 du total de l'envoi. Souvent, lorsque la mer est mauvaise, ou lorsqu'après plusieurs tentatives, la barque a chaviré, les noirs refusent de charger, non pas par peur de l'eau — ce sont des nageurs émérites — mais par crainte des requins qui sont très nombreux dans ces parages. Alors le navire n'a plus que la ressource de communiquer avec la côte au moyen de signaux (un jeu de pavillons pendant le jour, des fusées d'artifice pendant la nuit).

Dans la partie maritime du pays de Krou, depuis la rivière de Garroway jusqu'au Petit-Bérlby et, plus loin, sur la Côte d'Or, entre la rivière Ankobar et le fort de Cormantine, on rencontre des dépôts de grès rouge; tout le reste du littoral est composé d'alluvions plus ou moins récentes.

En s'avançant dans l'intérieur, on ne trouve plus ni grès ni alluvions, mais seulement de la latérite et, un peu plus loin, vers la ligne de partage des eaux, un large banc de gneiss[1].

Les terres aurifères, le grès rouge et les alluvions. — Le banc de latérite qui recouvre une partie de la Guinée est coupé en deux par une couche de terres aurifères qui affecte la forme d'un triangle renversé, dont l'un des angles serait placé non loin du cap des Trois-Pointes, à côté du banc de grès rouge placé entre la rivière Ankobar et le fort de Cormantine, et dont les deux côtés iraient rejoindre, l'un les bords de la Volta, l'autre les rives de l'Akba. Cette couche comprend presque tout le pays des Achantis et une partie du royaume d'Amatifou.

Le cap des Trois-Pointes n'est pas le seul centre des dé-

1. Le gneiss n'est autre chose que du granit schisteux. Quant à la latérite, c'est une matière de nature argileuse qui provient de la désagrégation des roches primitives et principalement du gneiss. Comme cette désagrégation s'opère plus vite dans les pays humides, il s'ensuit que la presque totalité des terres de la Guinée est composée de latérite, comme les terres de l'île de Ceylan et celles d'une grande partie de la presqu'île de l'Hindoustan. Ces terres sont généralement riches en potasse, mais moins favorisées en chaux et en acide phosphorique. La couche de latérite est en partie recouverte de débris organiques d'origine végétale, transformés en humus très riche et provenant principalement de la décomposition des feuilles d'arbres Le gneiss, qui recouvre cette latérite, est imperméable comme toutes les roches primitives, ce qui explique qu'au moment de l'hivernage il se forme dans les endroits où le sol s'est un peu creusé de petite mares, dont les eaux deviennent stagnantes, par suite du manque d'écoulement, et malsaines, lorsque revient la saison sèche.

pôts de grès rouge de la contrée; il en existe également près du cap des Palmes. Quant au littoral, il est recouvert d'une bande d'alluvions qui s'élargit considérablement vers la côte des Esclaves et dans tout le bassin du bas Niger.

La terre ferme gagne sur la mer ; Travaux de M. Borghero. — Un missionnaire établi dans le Dahomey, M. Borghero, a publié, il y a près d'un quart de siècle, dans le *Bulletin de la Société de Géographie*, des travaux fort intéressants sur les lagunes du littoral de Guinée et, en particulier, sur celles de la côte des Esclaves. Il résulte de ses appréciations, d'ailleurs contrôlées par la suite et reconnues exactes, qu'il se produit dans ces régions une transformation complète du sol.

Types assiniens.

On a vu précédemment que le phénomène appelé la barre provenait des apports de sable formant, parallèlement au littoral, une série de petits remblais de plus en plus élevés. Ces derniers, augmentant peu à peu de volume et de hauteur, forment (au bout d'un assez grand nombre d'années) une ligne qui finit par émerger au-dessus du niveau moyen des eaux. D'autre part, les apports d'alluvions se renouvelant sans cesse, cette ligne s'accroît insensiblement et arrive enfin à séparer, d'une manière définitive, les eaux de l'Océan de celles qui sont entre la barre et le rivage. Il se forme ainsi une espèce de lac, et l'on aurait sur la côte deux rangées successives de lagunes si, pendant que s'opère le mouvement de terrain qui vient d'être indiqué, les lagunes primitivement situées sur le littoral ne disparaissaient peu à peu complètement, se transformant elles-mêmes en terre ferme. On a constaté, en effet, que la profondeur de ces lagunes diminuait insensiblement, mais régulièrement, et l'on attribue ce fait autant à l'évaporation de l'eau qu'aux apports d'alluvions produits par les rivières qui se jettent dans les lagunes[1].

FAUNE. — Nos possessions de Guinée sont très riches en animaux de toute espèce. Ceux que l'on y rencontre sont principalement :

L'antilope, qui vit plutôt sur le littoral que dans l'intérieur; la *gazelle; l'éléphant*, qui est assez rare et dont la sauvagerie est telle qu'il sera peut-être difficile de le domestiquer le jour où on voudra essayer de le faire; le *léopard;* le *sanglier;* le *buffle; l'hippopotame*, qui est assez commun sur la côte des Esclaves, mais qui a au contraire disparu presque entièrement à Grand-Bassam; le *singe*, dont il existe quatre variétés différentes; le *chimpanzé* ou *babouin*, le *gorille*, le *singe noir à tête blanche* et le singe *gris cendré*, auquel on a donné le surnom de *moine* (les deux dernières variétés ont seules une valeur commerciale); les *animaux domestiques*, brebis, porcs, chèvres, volailles, que l'on trouve à peu près partout; les *serpents*, dont le plus commun est le *python*, sorte de boa gigantesque qui mesure jusqu'à 10 mètres de longueur et 50 centimètres de circonférence; les *caïmans*, qui abondent dans les rivières et les lagunes.

1. A l'appui de cette thèse, M. Borghero a démontré qu'à une époque assez reculée, la côte des Esclaves était fort éloignée de l'endroit qu'elle occupe aujourd'hui, et que le rivage suivait alors une ligne qui passait aux environs d'Abomey, à Abéokouta et à Bénin pour finir au village de Duke-Town, sur la rivière du Vieux-Calabar. Ce qui tend d'ailleurs à confirmer cette assertion, c'est que la contrée comprise entre cette ligne et le littoral actuel, vaste plaine sans accidents ni reliefs de terrains, n'est composée que d'alluvions provenant du fond de la mer ou d'argiles résultant de la désagrégation des roches primitives.

Parmi les oiseaux : le *perroquet*, le *touraco*, l'*ibis*, le *pigeon* et la *tourterelle*.

Parmi les insectes : les *papillons* qui comptent, d'après Buchholz, jusqu'à 700 espèces différentes ; — la *chique* de la Guyane (*pulex penetrans*) ; — une *mouche* de la même famille que la *tsétsé*, qui vit sur le littoral et s'attaque de préférence au bétail, qu'elle parvient quelquefois à faire périr ; — les *fourmis*, qui pullulent à un tel point dans certaines parties de la Guinée qu'elles dévastent les basses-cours et que les noirs sont parfois obligés de leur abandonner leurs habitations pour aller s'établir ailleurs. Ces termites ont heureusement un ennemi terrible dans l'*Apra* (*manis longicaudatus*), animal dont le corps est entièrement recouvert de fortes écailles et qui possède, comme le dragon des contes de Perrault, une queue d'une longueur telle, qu'il a l'habitude, pour dormir, de s'y enrouler à la façon des serpents.

Dans les lagunes, on pêche des *carpes* et des *langoustes* ; en mer, les poissons cétacés, crustacés ou mollusques sont ceux qu'on rencontre à peu près partout dans l'Atlantique, mais il en est qui se montrent en plus grande quantité à certaines époques de l'année ; par exemple, en janvier, les *morues* ; en mai, les *poissons volants* ; en juin, les *bonites* ; les *dauphins* et les *marsouins*. Parfois on aperçoit au loin la *baleine noire* qui ne voyage jamais qu'en compagnie d'un autre individu de son espèce.

Le principal habitant des côtes de Guinée, qui est aussi le plus redoutable, est le *requin*. Ce monstrueux animal suit régulièrement, en troupes, les embarcations qui vont en mer ou vers la plage et il arrive parfois que, si une de ces dernières chavire, aucun de ceux qu'elle contient ne reparaît[1].

**Flore.** — La flore des établissements français de Guinée est à peu près la même que celle des Rivières du sud, auxquelles celles-ci ressemblent par la richesse de leur végétation, la splendeur et l'étendue de leurs forêts.

Les principales espèces de végétaux — arbres ou plantes — que l'on rencontre sur la côte ou dans l'intérieur, sont

1. Devant Whydah, la barre est mauvaise et à certains moments de l'année, il arrive souvent que les pirogues chavirent au passage. Autrefois, les rameurs indigènes, qui n'avaient pas été enlevés, pris d'épouvante refusaient de rembarquer. Depuis quelque temps, afin de parer à ce danger, les capitaines de navires distribuent à chaque pirogue des cartouches de dynamite qui, en éclatant, effraient ou blessent les requins.

fort nombreuses, et nous les énumérerons tour à tour en indiquant, autant que possible, leurs principaux usages.

Le *manglier* et le *palétuvier* (rhizophora mangle) qui n'existe que sur le littoral et dont le bois est inattaquable par l'eau de mer; — le *cocotier* (cocos nucifera) qu'on rencontre un peu partout, sur la côte et le long des fleuves; — le *camwood* (baphia laurifolia), bois à grain fin et serré, plus lourd que l'eau, qui se vend surtout à Grand-Bassam; de blanc qu'il est ordinairement, il devient, lorsqu'on le coupe, rougeâtre au contact de l'air et exhale, si on le râpe une odeur analogue à celle du palissandre; — le *palmier à huile* (eleis guineensis), grand arbre à gros tronc produisant un fruit de la grosseur d'une noix, qui renferme une amande de nature oléagineuse; — le *mancone* (erythrophlœum guineense), dont l'écorce produit une substance que les noirs emploient pour empoisonner leurs flèches et qui arrête net, dit-on, les battements du cœur; — le *gommier* (copaifera copallina), qui donne la gomme copal et a été nommé par les Anglais *African Red-Gum* et *Yellow-Gum*; — le *Kola* (cola acuminata), arbre de 10 à 20 mètres de hauteur, qu'on trouve partout, depuis la côte jusqu'à 5 et 600 kilomètres dans l'intérieur et dont le fruit est l'objet d'un commerce important; — le *grœvia melocarpa*, dont le fruit, comestible et sucré, est employé pour composer certaines boissons rafraîchissantes; — le *ricin*, qui est arborescent, comme dans toute l'Afrique; — le *schmidelia africana*, bois d'ébénisterie; — le *blighia sapida*, dont les fruits sont mangeables et dont les fleurs servent à la préparation d'une eau aromatique; — le *touloucouna* (carapa guineensis), des graines duquel on retire une huile très dense, dont on fait usage contre les rhumatismes, les dartres, les maladies du cuir chevelu, les piqûres d'insectes et principalement contre l'attaque des chiques; son écorce, riche en tanin et très amère, est utilisée comme fébrifuge et ses fruits passent pour être vomitifs; — l'*avicennia*, grand arbre toujours vert, qui est très abondant le long des fleuves, mais fort rare sur la côte et dont l'écorce est employée par les noirs pour se guérir de la gale; — le *myrsine melanophlœos*, qui atteint jusqu'à 16 et 18 mètres de hauteur et donne un excellent bois de charpente et de construction; — le *pandanus* (pandanus utilis), grand arbre d'une vingtaine de mètres d'élévation, dont les fleurs et les fibres sont employées comme textiles; — la *morinda citrifolia*, petit arbre qui donne une teinture de couleur safran et dont le fruit, cuit sous la cendre, est employée contre la dysenterie, contre l'asthme et comme vermifuge; — le *gardenia Jovis tonantis*, arbuste de 2 à 3 mètres de hauteur, dont le nom vient de ce que les indigènes placent ses rameaux au sommet de leurs cases pour conjurer la foudre; — le *Raphia* (raphia vinifera), qui sert à faire des meubles légers et produit une liqueur que les indigènes appellent le vin de Boudou; — le *manioc* (manihot edulis), arbrisseau de 1 à 3 mètres, dont les tubercules, raclés et pelés, fournissent, après un préparation spéciale, une fécule comestible d'où on tire le tapioca; — le *poivrier* (amômum melegueta), qui produit la graine dite de Paradis, employée dans le monde entier comme condiment excitant et tonique; — le *gingembre* (zingiber officinale), dont on fait également un usage comestible; — le *caféier* ou *cafier*, qui croît spontanément sur toute la côte occidentale depuis la Casamance jusqu'à la côte de l'Or et qui atteint, lorsqu'on ne l'étête pas pour augmenter sa production, jusqu'à 10 et 12 mètres de hauteur; — le *bananier*; — le *cotonnier*, qui pousse principalement à l'ouest de la petite rivière Lahou; — l'*ananas sauvage*, assez rare; — le *mil* (sorghum vulgare), que les noirs de l'intérieur cultivent pour leur alimentation; — le *sésame* (sesamum orientale), plante herbacée dont les graines fournissent une huile employée surtout dans la fabrication des savons et qui ne se développe pas dans les régions où l'atmosphère est trop chargée d'humidité; — la *patate* (convolvulus batatas), plante comestible dont le goût est celui d'une pomme de terre légèrement sucrée; — l'*oseille de Guinée* (hibiscus sabdabariffa), plante tonique, apéritive et rafraîchissante; — le *cubèbe* (piperclusii), dont les fruits, qui ressemblent au poivre, sont employés comme condiment; — la *fève de Calabar* (physostigma venenosum), dont le port ressemble à celui du haricot et dont la gousse atteint jusqu'à 17 centimètres de longueur; c'est une plante vénéneuse, très énergique, qui sert de poison d'épreuve aux indigènes; les médecins européens l'utilisent pour faire contracter la pupille, pour combattre le tétanos et guérir certaines névralgies.

A Afatonou.

# CHAPITRE III

## Administration.

Possessions françaises en Guinée. — Enclaves de la côte des Graines. — Organisation administrative de nos possessions de Guinée.

Possessions françaises en Guinée. — Les possessions françaises en Guinée sont disséminées un peu partout, depuis la côte des Graines jusqu'à la côte des Esclaves. Elles se divisent principalement en deux parties, qui sont :

Les territoires de la Côte d'Ivoire et de la Côte d'Or (terre de Krou, bassins du San-Pedro, du Rio Fresco, établissements de Grand-Bassam et d'Assinie).

Les territoires de la Côte des Esclaves (royaume de Porto-Novo et Grand-Popo).

Il existe, en outre, sur la côte des Graines, un certain nombre d'enclaves assez importantes.

**Enclaves de la Côte des Graines et territoires de la Côte d'Ivoire.** — Le premier point soumis à la domination française dans la direction de l'ouest est un petit village que les indigènes appellent Ajacouty et les Anglais Trade-Town, situé au sud de Grand-Bassa; ce village est, avec son territoire, tout ce qui reste de nos anciennes possessions dans ce pays. En 1842, en effet, le pays de Grand-Bassa et des Boutou (Grand et Petit), à l'est de Greenville, furent achetés par le gouvernement français, puis cédés un peu plus tard à la république de Libéria. Quelques années après, en avril 1852, la France reprenait pied dans ce pays en passant un traité avec le chef de Trade-Town.

Un peu plus loin, près de la côte de Krou, un autre traité passé en 1838 et renouvelé en 1842, avec les deux frères Blackwill, nous a donné une enclave comprenant les deux rives de l'embouchure de la rivière Garroway et les territoires avoisinants [1].

Par un autre traité, en date du 4 février 1868, la France est devenue propriétaire, sur la côte d'Ivoire de tout le pays de Krou et particulièrement des territoires dépendant des villages du Grand et du Petit-Bériby, et de celui du Grand-Basha (qu'il ne faut pas confondre avec Grand-Bassa); en outre, d'autres traités ont été passés avec les indigènes des bassins du Rio-Fresco, de la rivière San-Pedro, et nos établissements forment ainsi une ligne ininterrompue, depuis et y compris le Rio-Cavally jusqu'à la Côte d'Or anglaise.

**Organisation administrative de nos possessions de Guinée [2].** — On sait que, pendant de longues années, notre poli-

1. Voir pour tous ces traités, le décret du 20 décembre 1883. *Bulletin officiel de la marine et des colonies*, année 1884.

2. Se reporter, pour les limites du territoire de Porto-Novo du côté de Lagos, et de celui d'Assinie du côté de la Côte d'Or anglaise, aux chapitres V et VI de cette notice.

tique sur le littoral de Guinée a été fort indécise ; il a fallu d'abord notre établissement dans le bassin du haut Niger, puis l'établissement progressif des Anglais sur différents points du littoral et la situation prospère de leurs territoires, pour nous faire enfin comprendre que nous avions un avantage considérable à nous installer d'une manière solide et définitive dans le pays.

Ce fut alors qu'on songea à organiser nos possessions, délaissées depuis 1870, sur un pied convenable. M. Verdier, chef d'une maison de commerce de La Rochelle, qui possède plusieurs comptoirs sur la Côte d'Ivoire, fut alors chargé des fonctions de résident de France à Grand-Bassam et à Assinie; il lui fut, en outre, alloué une somme annuelle pour l'entretien d'une milice indigène d'une trentaine d'hommes chargés de la police et composant toute la force armée dont nous disposions en Guinée.

Un résident fut également nommé à Grand-Popo et un autre à Porto-Novo [1].

Après avoir été pendant longtemps rattachés à l'administration du Gabon, confiée elle-même à un capitaine de frégate, nos établissements de Guinée ont été réunis ensuite à la colonie du Sénégal, et placés sous la surveillance spéciale du lieutenant-gouverneur des Rivières du sud, résidant à Gorée.

Mais cette situation ne pouvait durer longtemps. Obligé, pour se porter d'un point à un autre de son domaine administratif, de franchir plusieurs centaines de kilomètres, ce fonctionnaire n'arrivait à faire en Guinée qu'une ou deux apparitions annuelles.

Aussi a-t-on pensé à apporter à cet état de choses des modifications importantes, et, ainsi que nous l'avons déjà

1. Ces deux derniers appartiennent au cadre des administrateurs coloniaux ; outre leur solde personnelle, ils reçoivent une indemnité de représentation qui est de 2.000 francs pour le premier, et de 3.000 francs pour le second.

expliqué plus haut, les Rivières du sud et les établissements de la côte de Guinée forment depuis le 1er janvier 1890, un groupe de colonies, placé sous l'autorité d'un lieutenant-gouverneur. Néanmoins, malgré leur réunion, chacune de ces possessions (Rivières du sud, Grand-Bassam et Porto-Novo) conserve une certaine autonomie; chacune a son budget local, ses ressources spéciales; de plus, l'administrateur résidant à Porto-Novo et celui de Grand-Bassam, ont le droit de correspondre directement avec le sous-secrétaire d'État aux colonies.

---

La factorerie Verdier.

# CHAPITRE IV

## Économie politique et sociale.

Le climat : saison des pluies et saison sèche.— Température.— L'Harmattân — Brise de terre et brise du large. — Maladies. — La chique ou ver de Guinée. — Productions du sol. — Les bois. — Le palmier oléifère. — Le café. — Cultures alimentaires et industrielles. — Monnaies. — Navigation. — Fret. — Prix des passages. — Création d'une ligne postale.

LE CLIMAT : SAISON DES PLUIES ET SAISON SÈCHE. — De même que la plupart des contrées équatoriales et tropicales de l'Afrique, la Guinée a deux saisons principales :

La *saison des pluies* ou *hivernage,* qui commence à la fin d'avril et se termine en décembre ;

La *saison sèche*, qui comprend les autres mois de l'année.

Il est d'usage cependant de diviser ces diverses saisons en grande et petite saison sèche, grande et petite saison des pluies. La grande saison des pluies qui commence en avril est alors remplacée en août par la petite saison sèche et, en octobre, par la petite saison des pluies.

Mais, à vrai dire, la dénomination de petite saison sèche, n'est pas précisément exacte, car, pendant sa durée, s'il y pleut beaucoup moins qu'en juillet et un peu moins qu'en octobre, il pleut quand même.

Ces pluies sont fines, peu abondantes et ne durent pas longtemps, tandis que, pendant l'hivernage, et principalement en juin et juillet, les orages et les tornades venant de l'ouest, sont fréquents et d'une violence extrême.

L'hivernage est également l'époque des raz de marée et du débordement des rivières. Durant cette époque de l'année, — en juin et juillet — la barre est toujours belle; elle est assez bonne à la fin de septembre et pendant une partie de la saison sèche, puis elle redevient difficile et est presque impraticable en avril et en mai.

TEMPÉRATURE. — La température la plus fréquemment observée est celle de 26 degrés; mais elle est loin d'être régulière et le docteur Féris a vu, dans le cours d'une année, le thermomètre variant de 35 à 20 degrés.

L'époque la plus chaude est la saison sèche et le commencement de l'hivernage; c'est pourtant la plus facile à supporter. Pendant la saison des pluies, l'air est si humide et la tension électrique si forte que l'Européen est bientôt en proie à une excitation fébrile qui fait souvent place à un abattement complet pour reparaître quelques heures plus tard. Cet énervement continuel, très fatigant, ne tarde pas à faire place à l'anémie et à la fièvre.

Le moment le plus dangereux de l'année est la petite saison des pluies (octobre et novembre), pendant laquelle commence à régner un vent du nord-ouest, appelé l'*harmattân*,

L'Harmattan. — L'harmattan apparaît généralement de très grand matin et disparaît vers le milieu de la journée ; il persiste souvent de deux à six jours. C'est un vent desséché par les sables du Sahara, puis refroidi par l'humidité ambiante de certaines contrées du sud du Niger. Il chasse devant lui des tourbillons de sable; pendant l'hivernage, il est chargé de brumes malsaines, mais, dès que les pluies ont disparu, il devient si sec et si froid qu'on a vu, sous son influence, la température descendre en quelques heures de 26 à 17 degrés. Il n'est plus aussi redoutable pendant la saison sèche, époque de l'année la plus favorable à l'Européen.

Brise de terre et brise du large. — Les autres vents sont désignés sous le nom de brise de terre et brise du large. Pendant la saison sèche, l'une et l'autre soufflent alternativement pendant une durée égale. La brise de terre qui vient du nord, et parfois du nord-ouest, apparaît vers minuit et dure jusqu'à neuf heures du matin. La brise du large vient le plus souvent de l'ouest, rarement du sud-ouest et règne principalement en juin et juillet.

Maladies. — La fièvre paludéenne est, de toutes les maladies, celle que doivent le plus redouter les Européens qui vivent en Guinée [1].

L'insalubrité de la côte n'est pas uniforme ; les parties les plus malsaines sont d'abord la colonie anglaise de Sierra-Lame, puis la république de Libéria [2]. La Côte d'Or an-

1. La fièvre paludéenne se combat généralement, comme la fièvre intermittente, au moyen du sulfate de quinine. Le meilleur mode pour prendre ce médicament est de l'avaler dans une infusion de café (à raison de 20 à 25 centigrammes par jour, à renouveler pendant 4 ou 5 jours). Un grand nombre de médecins préconisent également le bromhydrate de quinine, plus énergique que le sulfate. Ajoutons, à propos de cette fièvre, que ce sont généralement les gens habitués à boire de la bière qui y sont sujets les premiers.

2. Dans ces deux contrées, l'empoisonnement paludéen est parfois tel que l'on a vu, à plusieurs reprises, des malades atteints

glaise, ainsi que les territoires d'Assinie et de Grand-Bassam, le sont à un degré beaucoup moindre. Enfin la côte des Esclaves vient en dernier lieu ; c'est celle où l'on résiste le plus facilement aux atteintes du climat. Mais ces différences de salubrité sont très faibles et les mêmes précautions, les mêmes soins, sont aussi nécessaires à Porto-Novo qu'à Grand-Bassam.

Les cas de dysenterie sont rares, tandis qu'au contraire l'anémie, provenant de l'inertie digestive, de l'influence climatérique, ou des pertes sudorales, est le mal auquel tous les Européens sont en proie.

L'insolation fait aussi quelques victimes, mais dans ce pays ombragé, ce cas est généralement le résultat d'une imprudence.

Les refroidissements sont à craindre, quoique rares mais ils sont difficiles à guérir complètement[1].

La chique ou ver de Guinée. — Il existe en Guinée une maladie spéciale provenant d'un petit animal, semblable à une puce et appelé *chique*, qui vit dans les hautes herbes et s'implante dans la peau. La chique traverse les étoffes, surtout les coutures, mais elle ne peut pénétrer à travers les chaussures de cuir. Elle attaque surtout les

d'une espèce de tétanos; ils tombaient dans une sorte d'idiotie, délirant et ricanant d'une manière véritablement effrayante. Ce cas n'a jamais été observé dans les autres parties de la Guinée.

1. Dans les villes anglaises de Guinée ou dans les postes français (Assinie, Grand-Bassam, Grand-Popo et Porto-Novo), on trouve assez facilement les médicaments nécessaires à combattre les maladies ordinaires de la contrée; il est bon toutefois d'emporter, quand on se rend dans ce pays, une petite pharmacie, dont la composition est nécessairement très variable, mais où devront entrer néanmoins les substances ou objets suivants : sulfate et bromhydrate de quinine, quinquina, calomel, sulfate et bicarbonate de soude, éther sulfurique, perchlorure de fer, magnésie, laudanum de Sydenham, ipéca, sous-nitrate de bismuth, iodure de potassium, alcoolat de menthe, opium, aloès, alcool camphré, sinapismes, baudruche, taffetas d'Angleterre, pierre infernale, ciseaux, pince, lancette, bistouri, aiguilles, fil, bandes, compresses et charpie.

pieds et un léger chatouillement indique sa présence. Si on peut le faire, il faut alors la saisir et surtout l'enlever sans tarder davantage, car elle n'a encore que les mandibules introduites sous la peau [1].

PRODUCTION DU SOL ; LES BOIS ET LE PALMIER OLÉIFÈRE. — Les production végétales du sol de la Guinée sont de deux catégories différentes : celles qui poussent naturellement et celles qu'on cultive.

La première catégorie comprend d'abord, outre les bois de construction, dont nous avons donné un aperçu dans un précédent chapitre, le palmier oléifère et le kola.

On a vu plus haut ce que c'était que le kola. Cet arbre commence généralement à produire au bout de six à sept ans et, se trouve en plein rapport à dix ans.

Il produit deux fois chaque année, en juin et en novembre, et donne chaque récolte environ 40 à 46 kilogrammes de graines. Celles-ci, de couleur jaune clair ou rouge rosé, pèsent de 10 à 25 grammes. On les place dans un panier rempli de feuilles qui les conservent fraîches pendant 25 à 30 jours.

La mesure de 45 kilogrammes se vend de 100 à 250 fr. selon l'abondance ou la rareté du produit sur le marché.

Le kola est employé à divers usages, principalement à des usages pharmaceutiques. C'est un tonique excellent qui passe pour être également antidysentérique.

1. Si l'extraction n'a pas été possible, le chatouillement fait place à une douleur aiguë et la présence de l'insecte ne se décèle plus que par un point oblong et noirâtre. Il faut alors pratiquer l'*échiquage*, sans quoi l'on risque des désordres qui amènent souvent des érysipèles et parfois même la gangrène et le tétanos. L'échiquage se pratique au moyen d'une aiguille avec laquelle on opère comme s'il s'agissait d'enlever une écharde ; on pique la peau à côté du point noirâtre, on passe la pointe de l'aiguille sous l'insecte qu'on enlève sans brusquerie, en une seule fois autant que possible. On panse ensuite la plaie avec un peu d'alcool camphré. Si l'insecte est une femelle qui a pondu ses œufs, il faut avoir recours au bistouri et au nitrate d'argent (pierre infernale).

Le palmier oléifère se rencontre partout; il se multiplie lui-même et ne demande aucun entretien. Il donne deux récoltes; l'une, la plus importante, a lieu environ du 15 février au 15 mai; l'autre se fait en novembre. Chaque pied de palmier produit deux ou trois régimes comptant chacun 1,000, 1,200 et même 1,500 fruits, qui ont l'apparence de grosses cerises et se composent comme celle-ci de chair et de noyau. Ces fruits se détachent au moyen d'une petite hachette.

Quand on juge la récolte suffisante, on jette ces fruits dans une fosse de terre entourée d'un petit mur et tapissée de fruits du palmier. On verse sur eux une certaine quantité d'eau, puis deux ou trois femmes descendent dans la fosse et, se soutenant avec deux espèces de béquilles, se mettent à écraser les fruits de manière à en détacher la pulpe. Quand l'opération est terminée, on verse encore de l'eau; l'huile, qui apparaît alors à la surface en écume jaunâtre, est recueillie dans de grands pots placés sur des brasiers où elle subit une ébullition prolongée. On la tamise ensuite dans un grand vase à moitié rempli d'eau; puis on écrème le liquide qui se forme ainsi dans ce récipient et qui n'est autre que l'huile de palme du commerce.

Cette huile d'une belle couleur jaune orange, est très liquide et répand, lorsqu'elle est chaude, une odeur assez agréable, qui rappelle un peu celle de l'iris ou de la violette. Au contact de l'air, elle se rancit, s'acidifie et abandonne de la glycérine, lorsqu'on la traite par l'eau. Elle forme avec les alcalis, tels que la potasse et la soude, des savons de couleur jaune.

De l'amande du palmier oléifère, on extrait également une matière grasse qui est blanche, solide, et peut servir, lorsqu'elle est fraîche, aux mêmes usages que le beurre.

Le café. — Les cultures sont assez nombreuses en Guinée et particulièrement sur la côte des Esclaves. Mais il en est une pourtant qui prospère sur la Côte d'Or fran-

INTÉRIEUR D'UNE CASE INDIGÈNE A PORTO-NOVO.

çaise et tend à prendre une importance considérable. C'est la culture du café.

Ce café appartient à l'espèce dite de Liberia[1]. Il est assez gros, à base ronde, à dôme bombé, et présente deux nuances : brun noir et havane clair.

Le caféier prospère dans les pays où la température ne baisse jamais au-dessous de 20 à 22 degrés, et pousse indifféremment sur la côte ou dans les endroits élevés: il lui faut un terrain humide, mais on doit éviter que ses racines se trouvent en contact avec l'eau.

Le plant demande à être abrité pendant la première année; après cela, il ne redoute pas trop les rayons solaires, mais il est nécessaire, en tout cas, que l'air et la lumière arrivent sur lui directement. Dans les terres argileuses comme celles de la Guinée, il faut, lorsque vient la saison sèche, recouvrir les racines de paille ou de gazon sec, car à ce moment la terre se fendille et les racines, qui affleurent, risquent de se dessécher.

La terre qui convient le mieux au caféier est une terre meuble, légère et vierge, autant que possible. Elle se suffit à elle-même pendant cinq ou six ans, puis les engrais sont nécessaires. Les meilleurs à employer sont les engrais azotés.

Quand le plant atteint 2 mètres de hauteur, on l'étête pour lui faire donner une récolte plus abondante et plus facile à cueillir.

En Guinée, le rendement est considérable et, d'après les rapports américains et anglais, 20 acres de café de Liberia produisent autant que 40 acres de café de Ceylan ou d'Arabie[2].

Dans son savant ouvrage sur les *Plantes utiles des colo-*

1. Il ne faut pas confondre l'espèce dite de Liberia, dont les graines sont très grosses, avec l'espèce du Rio-Nunez dont les graines sont au contraire excessivement petites.

2. L'acre est une surface de 40 ares ou 4,000 mètres carrés, par conséquent des deux cinquièmes d'un hectare.

*nies françaises,* M. de Lanessan a donné tout le détail des opérations que nécessitent la culture et la récolte de ce plant.

On peut dire d'une façon générale qu'un hectare de café coûte à établir, jusqu'à sa production, environ 2.500 francs; il ne produit qu'au bout de six ans, il est vrai, mais il rapporte alors chaque année jusqu'à 20 et 25 0/0 du capital engagé.

M. Verdier, qui, de 1871 à 1889, a été chargé des fonctions de résident de France à Grand-Bassam et à Assinie, a créé à Elima, sur les bords de la lagune Aby, une magnifique plantation de caféiers; celle-ci, qui doit comprendre 600 hectares, en a déjà plus de 110 en plein rapport. Les travaux agricoles sont faits par les indigènes, hommes et femmes, les premiers employés à la culture, les autres à la récolte. Un petit chemin de fer à voie de 50 centimètres traverse une partie de la propriété sur une longueur de plus de 1.800 mètres. Les produits de cette exploitation sont vendus à Paris, le Havre, Bordeaux, Nantes et La Rochelle.

Après avoir été recueilli en cerises, le café est débarrassé d'une première enveloppe; il ne lui reste alors qu'une deuxième enveloppe, ressemblant un peu au parchemin; c'est sous cette forme que le café est expédié en France. A son arrivée dans la métropole, le parchemin, qui pèse 40 pour 100 du poids total, est enlevé et les grains apparaissent tels qu'on peut les voir chez tous les débitants. Une fois récolté, le café subit donc trois transformations successives; on a ainsi le *café en cerises* (de couleur noire, avec des reflets un peu rougeâtres), le *café en parche* (ou parchemin) et le *café en grains,* ce dernier seul étant marchand.

CULTURES ALIMENTAIRES ET INDUSTRIELLES. — Les autres productions du pays sont le riz, qu'on cultive à l'est du lac Eyhi, l'igname, qui se plante en février et mars et se récolte en juillet et août, le manioc, le bananier, l'arachide, le sésame, le coton, l'indigo, le maïs, le citronnier et l'oranger, ces derniers en quantité fort minime. Les produits de ces différentes cultures sont tous consommés dans le pays.

MONNAIES. — A Grand-Bassam et à Assinie, la principale monnaie du pays est la poudre d'or; on s'en sert pour tous les échanges et l'on peut arriver à peser jusqu'à deux sous d'or. Chaque indigène a une petite balance à fléau, une plume d'oiseau dont il a laissé une des barbes et qui sert à enlever le surcroît de poudre d'or pouvant se trouver dans la balance, puis une autre plume, provenant généralement d'un vautour, dans laquelle on renferme la poudre d'or, enfin un poids spécial, qui s'appelle le *mitkal* et dont on fait également usage à Porto-Novo et à Grand-Popo[1]. Le mitkal vaut environ 4 grammes; quelquefois l'indigène perd le mitkal dont il se sert pour ses transactions; dans ce cas, il peut retrouver la valeur exacte de ce mitkal, en mettant à sa place dans la balance, 24 graines de bombax, ou 48 graines de corail végétal, ou encore 144 graines de riz non décortiqué.

Après l'or, on se sert comme monnaie, tant à Grand-Bassam que sur la côte des Esclaves (Porto-Novo et Grand-Popo) de cauris ou de manilles; les cauris sont de petits coquillages qu'on peut assimiler, avec cette différence qu'ils sont effectivement représentés, aux reis du Portugal ou même aux centimes de France. Selon les contrées, il en faut 1.700, 2.000, 2.500 pour faire une piastre; le premier soin du voyageur, en arrivant dans un pays, doit être de s'informer de la valeur des cauris[2]. La manille est un anneau en étain et cuivre, affectant la forme d'un bracelet; jadis la chaîne mise au-dessus de la cheville des forçats était terminée par un anneau portant le même

1. Une plume de vautour renferme généralement pour une cinquantaine de francs de poudre d'or.

2. La piastre cauri varie entre 0 fr. 80 et 1 fr. 25.

nom; au moment du départ des galériens pour le bagne, on forgeait cet anneau, cette manille, d'un seul coup de marteau. Les anneaux employés en Guinée affectent la même forme et ont le même poids; ils viennent généralement d'Angleterre et, depuis quelque temps, de Nantes; leur valeur est de 23 centimes chacun. Un homme robuste ne peut pas porter pour plus de 30 francs en cauris et plus de 12 francs en manilles.

NAVIGATION : FRET ; PRIX DES PASSAGES ; CRÉATION D'UNE LIGNE POSTALE. — La navigation commerciale est représentée dans nos territoires de Guinée par un petit nombre de navires à voiles ou à vapeur, dont la plupart appartiennent aux maisons établies dans le pays.

En 1884, le mouvement de cette navigation a été de 178 navires.

Les entrées comptent pour 90 navires, dont 30 à voiles et 60 à vapeur, représentant 19.500 tonneaux. Les sorties comptent pour 88 navires, dont 60 à vapeur et 28 à voiles, représentant 19.050 tonneaux.

De ces 178 navires, 16 seulement sont français.

Les prix de fret pour Grand-Bassam, cap Palmas Assinie, les Popos, Lagos et Kotonou, sont les suivants .

*Fret d'aller* (par mètre cube ou tonne de 700 kilog.) : Riz, 50 francs ; — Genièvre, rhum, alcool, 32 francs ; — Briques, ciment, charbon en vrac, fer, briquettes, sels en blocs, 50 francs ; — Charbon en sac, fûts et caisses vides, sacs vides, craie, poteries, faïences, marmites, sels en sac, savon, bois, 32 francs ; — Eaux minérales, bière, biscuits, caurics, cordages, feutre, farine, meubles, fusils, verrerie, vins et liqueurs, machinerie, peinture, armes, provisions fraîches et conservées, pipes en terre, spiritueux, tabac, goudron, 40 francs; — Quincaillerie, coutellerie, 45 francs ; — Mercerie, colliers en verre, cotons, droguerie, parfumerie, étoffes et toutes autres marchandises non dénommées, 45 francs ; — Pétrole en caisses, 55 francs ; — Poudre, 55 francs ; — Embarcations sur le pont (tarif à débattre) ; — Espèces et valeurs, bijoux, pierres précieuses, horlogerie, orfèvrerie (sur la valeur), 1 0/0.

*Fret de retour* (par mètre cube ou tonne de 1.000 kilogr.) : Amandes de palme, 34 francs ; — Huile de palme, 40 francs ; — Ébène et bois rouge, 27 fr. 50; — Santal, 42 francs; — Graines de coton, 48 francs; — Arachides, gomme copale, fibres, cacao, café, gingembre, poivre, 55 francs; — Caoutchouc, gomme élastique, cire, 66 francs; — Cuirs et peaux, 68 francs; — Orseille, 90 francs; — Minerais et métaux communs, 30 francs; — Ivoire (par kilo brut), 0 fr. 25; — Marchandises non dénommées, 60 francs.

Les passages sont :

| | 1re cl. | 2e cl. | 3e cl. |
|---|---|---|---|
| De France au cap Palmas (terre de Krou) | 850 fr. | 600 fr. | 300 fr. |
| De France à Grand-Bassam | 900 » | 650 » | 300 » |
| — à Kotonou | 1000 » | 700 » | 350 » |

Les départs de France ont lieu le 10 de chaque mois, de Marseille (en février, avril, juin, août, octobre et décembre) ou de Bordeaux (en janvier, mars, mai, juillet, septembre et novembre).

Les départs des établissements ont lieu : de Kotonou, le 6 de chaque mois; de Grand-Bassam, le 9; du cap Palmas, le 10.

Petit village sur la lagune d'Assinie.

## CHAPITRE V.

# Établissements de la côte d'Ivoire et la côte d'Or.

Occupation de Grand-Bassam et d'Assinie. — Évacuation en 1870. — Autres possessions de la France sur la côte des Graines et la côte d'Ivoire — Jonction du Soudan français et du territoire de Grand-Bassam.

## I

Occupation de Grand-Bassam et d'Assinie. — C'est en 1842 que, sur la demande de plusieurs maisons de commerce françaises qui avaient créé quelques comptoirs sur la Côte de l'Or et y faisaient un commerce important, le ministre de la marine chargea le commandant Bouët-Willaumez d'entrer en relations avec les chefs de la contrée.

Celui-ci obtint alors d'Amatifou, souverain d'un royaume situé à l'ouest du pays des Achantis, la cession du territoire d'Assinie et, du roi Piter (ou Peter), dont l'autorité s'étendait sur les villages de la lagune d'Ebrié, la cession des territoires de Grand-Bassam, ainsi que le droit d'établir un poste à Dabou.

Ces deux chefs s'engageaient en outre, à assurer, dans toute l'étendue de la contrée qui leur était soumise, la sécurité des voies de communication et recevaient en échange une redevance annuelle du gouvernement français.

A Assinie, on releva quelque peu les restes d'un vieux fortin bâti en 1700 par la compagnie de Guinée et abandonné quelques années plus tard, lors de la déconfiture de cette société. A Grand-Bassam, on établit, non loin d'un village habité par plusieurs milliers d'indigènes, un blockhaus, appelé le fort Nemours, et comprenant une enceinte palissadée, défendue aux quatre angles par des pièces de campagne.

Dix ans plus tard, un officier du génie, le capitaine Faidherbe, était envoyé en Guinée par le gouverneur du Sénégal pour diriger, près du village de Dabou, la construction d'un fort destiné à surveiller les agissements des Jacks-Jacks, indigènes assez turbulents, qui avaient vu d'un mauvais œil notre arrivée dans le pays (octobre 1853).

Un peu plus tard, le roi Amatifou, qui, durant sa vie, entretint toujours avec nos représentants les relations les

Le Volta.

plus cordiales, sollicita pour ses États le protectorat de la France, qui lui fut aussitôt accordé.

Notre domination s'étendait ainsi peu à peu dans toute cette région.

Évacuation en 1870. — Malheureusement les événements de 1870 survinrent et, au début de l'année suivante, le département de la marine crut devoir, par raison d'économie, faire évacuer nos établissements de la Côte d'Or, tout en maintenant les droits de la France sur les points qui nous avaient été cédés.

D'ailleurs, après l'évacuation, les coutumes continuèrent à être régulièrement payées, et M. Verdier, chef d'une maison de commerce de la Rochelle, qui resta seul dans le pays, se chargea d'effectuer ce paiement et prit, avec l'assentiment du gouvernement français, le titre de résident.

Grâce à lui, nos possessions de la Côte d'Or restèrent telles qu'elles étaient avant l'année 1870, et aucune tentative de soulèvement n'eut lieu de la part des indigènes.

Autres possessions de la France sur la Côte des Graines et la Côte d'Ivoire. — La France possède encore certains points sur la Côte des Graines et tout le territoire de la Côte d'Ivoire depuis le Rio Cavally.

Nous possédons ainsi, entre autres points importants, un certain nombre de villages et de territoires limitrophes du Rio Cavally, qui nous donnent ainsi toute autorité sur le pays de Krou.

Un décret du 4 août 1884 a également ratifié la cession qui nous a été faite, par le roi Piter, chef du pays des Yatékés, de la côte et du territoire compris entre la grande rivière Lahou. Ce traité a fait disparaître la solution de continuité qui existait entre nos différentes possessions de la Côte d'Ivoire, et le littoral soumis à la domination française s'étend aujourd'hui de Newton, à l'est d'Assinie, jusqu'au Rio-Cavally, à l'est des Beriby.

Jonction du Soudan français et du territoire de Grand-

BASSAM. — Au mois d'octobre 1888 partait de Grand-Bassam pour l'intérieur, à la tête d'un convoi assez important, un jeune homme, M. Treich-Laplène, qui résidait déjà depuis quelques années dans le pays, où il dirigeait les exploitations agricoles de la maison Verdier. Il avait pour mission de rechercher et de ravitailler le lieutenant Binger, qui était parti vingt mois auparavant de Bammako et dont on était resté sans nouvelles pendant longtemps. En passant à Bondoukou, M. Treich signa avec le roi de ce pays un traité qui plaçait ses États sous le protectorat de la France, et rejoignit le lieutenant Binger sous les murs de la ville de Kong, avec laquelle celui-ci venait de signer également un traité de même nature. Ces traités eurent pour résultat de relier directement les États soudanais de Samory et de Tiéba, nos protégés, au territoire de Grand-Bassam.

Peu de temps après le retour de ces deux explorateurs, était signé à Paris entre la France et l'Angleterre, un arrangement délimitant différentes possessions de ces deux puissances dans l'Afrique occidentale. Voici les termes exacts de cet arrangement qui concerne la côte de Guinée :

Art. 3, § 1er. — Sur la Côte d'Or, la frontière anglaise partira du bord de la mer à Newton, à 1.000 mètres à l'ouest de la maison occupée, en 1844, par MM. les commissaires anglais. Elle se dirigera ensuite en droite ligne vers la lagune Tendo. La ligne suivra ensuite la rive gauche de cette lagune et de celle d'Ahy, puis la rive gauche de la rivière Tanoué ou Tendo jusqu'à Nougoua. A partir de Nougoua, le tracé de la frontière sera établi en tenant compte des traités respectifs conclus par les deux Gouvernements avec les indigènes. Ce tracé sera prolongé jusqu'au 9e degré de latitude nord.

Le Gouvernement français prendra l'engagement de laisser l'action politique de l'Angleterre s'exercer librement à l'est de la ligne frontière, particulièrement en ce qui concerne le royaume des Achantis : le Gouvernement anglais prendra l'engagement de laisser l'action politique de la France s'exercer librement à l'ouest de la ligne frontière.

La frontière française partira également du bord de la mer à Newton, à 1.000 mètres à l'ouest de la maison occupée en 1844 par MM. les commissaires anglais. Après avoir rejoint en ligne droite la lagune Tendo, elle suivra la ligne droite de cette lagune et de celle d'Ahy, ainsi que la rivière Tanoué ou Tendo, pour aboutir à Nougoua, point où les deux frontières se confondent.

§ 2. — Dans le cas où le Gouvernement de « Gold coast » jugera utile d'établir un poste de douane à l'embouchure de la rivière Tendo, le Gouvernement français ne fera pas d'objection à ce que les autorités anglaises exigent des embarcations françaises des certificats de destination pour les marchandises remontant le Tendo, certificats spécifiant que les droits d'entrée dans la colonie française ont été intégralement payés par elles.

La navigation sur les lagunes Tendo, Ahy et la rivière Tendo sera libre et ouverte aux embarcations et aux habitants des deux protectorats.

Dans le cas où le Gouvernement français jugera utile d'établir un poste de douane pour contrôler les embarcations anglaises venant du côté d'Apollonie dans les conditions exigées des embarcations françaises à l'embouchure du Tendo, le Gouvernement anglais ne fera pas d'objection.

§ 3. — L'acquiescement du Gouvernement anglais aux lignes de démarcation ci-dessus mentionnées demeure subordonné à l'adoption par le Gouvernement français d'un projet de tarif douanier à établir en Assinie, dans lequel les droits sur les alcools ne seraient pas inférieurs à 40 francs l'hectolitre pour les alcools de 25° à 49°, et de 100 francs l'hectolitre pour les alcools à 50° et au-dessus.

Les droits sur le tabac en feuilles et fabriqué ne seraient pas inférieurs à 80 centimes le kilogramme. Les tissus seraient soumis à un droit de 15 pour 100 *ad valorem*.

Annexe. — En ce qui regarde la ligne frontière, entre la mer et la lagune Tendo, l'expression « en ligne droite » doit signifier droit au nord vrai.

La « Map showing the town and villages visited by the Assinee Boundary commissionners in Déc. 1883 and Jan. 1884 » a servi à décrire cette partie des limites jusqu'à Nougoua.

Cet arrangement a été ratifié par le Président de la République le 12 mars 1890.

## II

Les rivières de la Côte d'Ivoire et la lagune d'Ebrié. — L'Akba et les rivières d'Aéby et de Grand-Bassam. — L'abîme sans fond. — La lagune et la rivière d'Assinie. — Le Bia et le Tanoué. — Les races indigènes :

Agnis et Ochins. — Travaux. — Habitations. — Religion et organisation des tribus. — Les Boubouris et les Jacks-Jacks. — Les Quoua-Quoua et les Glébos. — Les Krouman. — Le royaume d'Amatifou.

LES RIVIÈRES DE LA CÔTE D'IVOIRE ET LA LAGUNE D'EBRIÉ. — On a vu quel était l'aspect général du pays ; on a expliqué également le phénomène de la barre et la formation des lagunes ; il nous reste maintenant à parler des cours d'eau qui arrosent le territoire de Grand-Bassam et des populations qui l'habitent.

Sur la Côte d'Ivoire se jettent un certain nombre de cours d'eau dont les principaux sont, de l'ouest à l'est, le Rio Cavally, dont une rive appartient à la France et l'autre à la république de Libéria, le San Pedro, le Rio Fresco et les deux Lahou, après lesquelles commence immédiatement la lagune d'Ebrié.

Sauf la petite Lahou, qui est sans grande importance, ces rivières n'ont pas encore été explorées. Toutefois, on a remonté un peu la grande Lahou et, en présence de l'énorme quantité d'eau qu'elle roule constamment, on a été amené à supposer que son cours est fort long et qu'elle doit prendre naissance à peu de distance de la chaîne de partage des eaux du bassin du Niger. La grande Lahou, avant de se jeter dans la mer, forme le petit lac Lozo, qui est parsemé de petites îles boisées (îles Piter, Pandam et Afé).

La lagune d'Ebrié, sur laquelle peuvent naviguer en tout temps les bâtiments dont le tirant d'eau ne dépasse pas 80 centimètres, mesure environ 120 kilomètres de longueur. Des îles qu'elle renferme les plus importantes sont celles de Déblay et de Petit-Bassam ; sur ses rives sont échelonnés de nombreux villages qu'habitent, vers l'ouest et au milieu de la lagune, la tribu des Jacks-Jacks et, du côté opposé, des sujets du roi Amatifou, vassal de la France.

L'AKBA ET LES RIVIÈRES D'AÉBY ET DE GRAND-BASSAM. — A l'est de Dabou, la lagune reçoit la rivière d'Aéby, qui arrose le village d'Acrédiou à une vingtaine de kilomètres dans l'intérieur. En face de Grand-Bassam, se jette l'Akba, qui pénètre dans l'intérieur jusqu'au milieu des États de Tiéba, notre protégé, et qui passe à quelques jours de marche de la grande ville de Kong. L'Akba est plus connu dans le pays sous le nom de Comoé. Ce cours d'eau, qu'il faut traverser pour aller de Bondoukou à Kong, serait navigable au moyen de pirogues, si les indigènes savaient construire celles-ci; mais les pirogues qu'on trouve sur le fleuve sont trop lourdes et ne servent qu'à passer d'une rive à l'autre. Le cours total de l'Akba est d'environ 800 kilomètres et de 450 à hauteur de Kong; de ce point (600 mètres d'altitude) jusqu'à la mer, le fleuve arrose Groumania (360 mètres), Attacrou (218 mètres) et Bettié (114 mètres d'altitude). Pendant l'hivernage, son courant est si rapide qu'il atteint parfois, à son entrée dans la lagune, une vitesse de 7 à 10 kilomètres à l'heure. Vers la fin de son cours, l'Akba forme deux lagunes appelées, l'une, la lagune Ono, l'autre, plus proche de la mer, la lagune Kodioumé; puis ses eaux franchissent en écumant la barre formée devant son embouchure et, en raison de la vitesse acquise, se mélangent si lentement avec les eaux de la mer qu'à quelques centaines de mètres du rivage, la ligne de démarcation est encore très visible.

L'Abime sans fond. — Vers le milieu de la côte qui sépare la lagune d'Ebrié de l'Océan, la conformation du fond de la mer est particulièrement curieuse. Tandis que, presque partout, la plage s'incline en une pente relativement assez douce, en face de Petit-Bassam, au contraire, elle s'affaisse brusquement sur une largeur de près de 2 kilomètres. Cette crevasse, appelée *abîme sans fond* ou *fosse de Petit-Bassam*, est profonde d'environ 490 mètres à 4 milles de la côte, de 180 mètres à un tiers de mille et de 36 mètres à la côte elle-même.

La lagune et la rivière d'Assinie. — La rivière d'Assinie qui se trouve à 24 kilomètres environ à l'est de celle de Grand-Bassam est moins profonde, plus sinueuse, plus difficile à reconnaître que cette dernière, et les navires qui calent au plus $1^m,60$ peuvent seuls y pénétrer. La lagune voisine, moins longue que celle d'Ebrié, s'enfonce davantage dans les terres et s'appelle tour à tour lac Aby, lac Tendo, lac Eyhi, lac d'Ouani. Elle renferme plusieurs petites îles dont l'une, l'île de la Nuit, est située à l'entrée de la rivière près des factoreries françaises.

Au nord de la lagune, le terrain se relève en pentes assez douces, dominées par des forêts entrecoupées de clairières d'où on domine tous les environs. Dans ce pays la végétation est telle que « les forêts, dit le docteur Barret, rappellent celles du Nouveau-Monde, avec leurs arbres gigantesques, qui commencent à se ramifier seulement à 30 ou 40 mètres au-dessus du sol, et leur dôme de verdure. »

La Bia et le Tanoué. — Les principales rivières de la lagune d'Assinie sont la Bia ou Songan, ou rivière de Krinjabo, qui se déverse dans le lac Aby, et le Tanoué, ou Tendo, qui se jette entre le lac Eyhi et celui d'Ouani.

On ne connaît pas la Bia au delà des chutes d'Aboisso, on sait cependant qu'elle s'étend assez loin dans l'intérieur. Quant au Tanoué, qui appartient au royaume d'Amatifou, un aviso de la station du Sénégal l'a remonté pendant une centaine de kilomètres; on a appris depuis, d'après les renseignements rapportés par le capitaine Binger, qu'il prend sa source dans le pays des Achantis, mais son cours est si accidenté et si tortueux que les caravanes allant de Koumassie vers la lagune lui préfèrent la route à travers la forêt[1].

Les races indigènes : Agnis et Ochins. — Deux races distinctes d'indigènes habitent le territoire de Grand-Bassam et d'Assinie. La première, celle des *Agnis*, qui est de beaucoup la plus nombreuse, est établie depuis longtemps

1. Ces deux cours d'eau roulent des paillettes d'or dont la recherche suffit à faire vivre une population assez nombreuse de pauvres gens qui se contentent d'un petit salaire quotidien.

dans la contrée; l'autre, celle des *Ochins*, est venue beaucoup plus tard, vers le commencement du XVIIIe siècle; les individus de cette dernière ont de nombreux points de ressemblance avec leurs voisins les Jacks-Jacks.

Les Ochins sont de grande taille et ont la mâchoire inférieure un peu saillante, tandis que les Agnis ont le corps musculeux et trapu. Les formes de ces deux races indigènes sont généralement belles et leurs traits assez réguliers. Ces noirs sont d'une constitution très robuste et, quoique leurs attaches soient fines et qu'ils aient les mains petites, ils ont ordinairement des pieds fort longs.

Dans la plupart des villages de la lagune, les femmes vont entièrement nues; quelques-unes seulement ont pour tout vêtement un morceau d'étoffe, grand comme la main, qui s'attache, soit à une ficelle, soit à la ceinture de perles ou de coquillages qui entoure la taille. Partout ailleurs, elles portent une bande de cotonnade qui se fixe en avant à la ceinture, passe entre les cuisses et s'enroule sur les reins, de manière à former un coussin à peu près semblable à celui que portent sous leurs jupes les femmes européennes. Elles s'entourent ensuite la moitié du corps et le haut des jambes d'un pagne d'environ 1 mètre 50 de longueur et portent au cou, aux bras, aux poignets, aux genoux et aux mollets, des perles, des chapelets de coquillages ou de verroterie, des anneaux de cuivre, des bijoux en filigrane d'or et parfois des pépites d'or.

Les jeunes filles tressent leurs cheveux en petites touffes, tandis que les femmes les relèvent sur le sommet de la tête, en leur donnant la forme d'une pyramide conique. Quant aux hommes, ils se font une ceinture qui passe entre leurs cuisses et qu'ils s'attachent ensuite autour des reins, laissant flotter au vent les deux extrémités. S'ils en ont le moyen, ils se drapent, à la mode romaine, dans une large pièce de coton provenant généralement du pays même et composée de bandes de diverses couleurs.

La nourriture des indigènes se compose principalement

de bananes et de poisson. Après avoir été épluchées, les bananes, encore vertes, sont bouillies dans l'eau; puis on les pile jusqu'à ce qu'elles forment une pâte qui remplit l'office de pain. Le poisson est fumé et à moitié cuit sur du bois vert (afin de le con-

Station du Gouvernement français à Assinie.

server pendant 15 ou 20 jours au moins); il est ensuite recuit dans un peu d'huile de palme ou d'arachide[1]. Les

1. Les nègres aiment particulièrement un plat qu'ils appellent le *foutou-foutou,* et qu'ils préparent avec du poisson, de la volaille ou

noirs mangent aussi du gibier (antilope, gazelle ou buffle), du manioc, de l'igname et quelquefois du maïs.

TRAVAUX.—Les occupations des hommes sont la chasse, la pêche, la récolte du vin de Boudou et la recherche de l'or; celles des femmes sont la préparation des aliments, les soins du ménage, la culture des champs, la récolte des noix de palme, la fabrication de l'huile destinée au commerce et enfin, le soir, des sarabandes et des chants qui ont pour but de distraire et d'amuser les hommes.

La propreté de ces noirs est proverbiale (comme celle des Krouman), et le plus grand plaisir de ces indigènes est de se baigner chaque jour, de se savonner des pieds à la tête et de s'enduire le corps d'une légère couche d'huile de palme [1].

HABITATIONS. — Les cases des villages sont bâties en pisé (ou torchis) peint à la chaux, avec portes et fenêtres pleines et recouvertes de feuilles de palmier disposées avec solidité, afin de résister aux pluies torrentielles qui tombent pendant une grande partie de l'année.

RELIGION ET ORGANISATION DES TRIBUS. — La religion est le fétichisme, et tout ce qui arrive dans la contrée ou dans la tribu est attribué aux fétiches. Chaque tribu se gouverne elle-même; elle nomme un chef et, dans les cas importants, tous les habitants notables ou âgés sont appelés à donner leur avis dans un *palabre* spécial [2].

LES BOUBOURIS ET LES JACKS-JACKS. — Au nord de la lagune d'Ebrié, sont établis les Boubouris, peuplade turbu-

du porc, auxquels ils ajoutent de l'huile de palme, des arachides pilées, du sel et une très forte quantité de piment.

1. Le savon dont ils font usage est, tantôt de provenance européenne, tantôt de fabrication indigène (huile de palme et cendres de feuilles de palmier).

2. Le *palabre* (du mot espagnol *palabra*, parole) est une assemblée où chaque assistant, devenu orateur, se plaît à prononcer des discours longs et interminables. Faire palabre (ou tenir palabre) est un des plus grands plaisirs des noirs.

lente et guerrière, qui fait un certain commerce avec les traitants de Grand-Bassam et les noirs du littoral.

La partie centrale et occidentale de la lagune est habitée par les Aradian ou Jacks-Jacks, indigènes industrieux et actifs, qui servent d'intermédiaires entre les populations de l'intérieur et les navires européens pour le commerce de l'huile et des amandes de palme. Les Jacks-Jacks, tout en acceptant, il y a quelques années seulement, le protectorat français, ont refusé jusqu'ici le concours des négociants des factoreries et ont toujours paru jaloux de conserver leurs relations directes avec les capitaines de navires. Ils sont environ 40.000; la plupart d'entre eux s'occupent de pêche, lorsqu'ils ne font pas de commerce, et le village seul de Grand-Bassam, contient un grand nombre de leurs pirogues.

Les Quoua-Quoua et les Glébos. — A l'ouest des Jacks-Jacks, entre les Lahou et la rivière San-Pedro, se trouvent la tribu des *Avikom*, — également appelés *Quoua-Quoua*, à cause de leur salutation qui a, dit-on, quelque analogie avec le cri du canard, — et la tribu des *Glébos*, ou *gens de Sant-André* [1].

Les Krouman. — Au delà des Glébos sont les Krouman qui vivent dans les contrées voisines du Cap des Palmes et habitent par conséquent notre enclave de Garroway et nos territoires des Beriby et du Grand-Basba [2].

1. Tous ces indigènes, Glébos ou Quoua-Quoua, bien que placés sous notre autorité, sont encore assez sauvages, malgré leur origine Krouman. Quelques voyageurs ont même affirmé qu'ils étaient anthropophages, mais le fait n'a pas été vérifié. On a dit également qu'il existait dans le pays une tribu d'amazones où les garçons étaient mis à mort à leur naissance; enfin on a raconté que le vocabulaire des habitants de certains villages de cette contrée était si restreint que les indigènes se trouvaient forcés, pour se comprendre, de joindre à leurs paroles une mimique fort animée et qu'ils avaient ainsi les plus grandes difficultés pour communiquer entre eux au milieu de l'obscurité.

2. Il ne faut pas confondre Grand-Bassa, Grand-Bassam et Grand-

Ces noirs sont les plus beaux de toute la côte de Guinée; intelligents, travailleurs, assez honnêtes et fort doux, ils quittent volontiers leur pays pour un temps déterminé; toutefois ils ne partent jamais sans avoir échangé avec leur futur maître ce qu'ils appellent un *livre,* c'est-à-dire un traité en bonne et due forme; ils laissent ce traité entre les mains de leurs parents ou de leurs femmes, puis ils s'embarquent. Chez eux, tout se fait en commun; la terre est propriété commune à tout le village, et le produit de cette terre n'appartient qu'à celui qui l'a cultivée. Chaque centre de population a un chef élu par les anciens qu'il consulte d'ailleurs dans les circonstances importantes. Il en est de même dans les familles. Lorsqu'un Krouman, ayant terminé un engagement, revient au pays avec quelque argent, il lui en est réservé une partie pour lui-même; une autre part, très minime, revient de droit au village et est déposée entre les mains du chef. Le reste est à la disposition de la famille; les parents assemblés décident alors à quels usages on emploiera ladite somme; ils font ensuite choix d'une épouse pour le jeune Krouman et c'est généralement aux cadeaux destinés à la nouvelle mariée que passe la plus grande partie de l'argent dont les parents ont à fixer l'emploi [1].

Grand-Basha. *Grand-Bassa* est un centre assez important de la République de Libéria, situé sur la rivière Saint-Jean, au sud-est de Monrovia. *Grand-Bassam* et *Grand-Basha,* au contraire, sont sur le territoire français, le premier sur la Côte d'Or, non loin de l'Akba, le second sur la Côte d'Ivoire, à l'est du cap des Palmes et de la rivière Cavally.

1. Il est un fait curieux à noter; seuls peut-être de tous les noirs de l'Afrique, les Krouman ont conservé très vif l'amour de la liberté. Les populations voisines n'ont jamais pu les réduire; à la moindre attaque d'un ennemi quelconque, le pays de Krou se soulevait en entier et marchait à la rencontre de l'agresseur. Les traitants avaient d'ailleurs renoncé d'autant plus facilement à faire commerce des gens de cette contrée que ceux dont on avait réussi à s'emparer préféraient la mort à l'esclavage. Ils se laissaient mourir de faim ou se noyaient à la première occasion; on les reconnaissait

LE ROYAUME D'AMATIFOU. — Au nord-est de la lagune d'Assinie existe un puissant État vassal de la France, dont le chef, d'origine achanti, réside à Krinjabo, ville de 3.500 à 4.000 âmes, située sur la rive gauche de la rivière de Bia. Cet État est connu sous le nom de royaume d'Amatifou.

Amatifou était le souverain qui régnait en 1843, et qui nous céda les territoires de Grand-Bassam et d'Assinie, conquis quelque temps auparavant sur des chefs indigènes par l'un de ses prédécesseurs. Quoique fort dévoué à la France, ce roi a cependant arrêté pendant de longues années le développement des transactions dans l'intérieur du pays en exigeant des caravanes et des étrangers des droits de passage exorbitants. Ce n'est que vers la fin de son règne qu'il consentit à modifier sa ligne de conduite; il est mort en janvier 1886, laissant pour successeur son neveu Akasimadou, homme très intelligent et fort bien disposé pour les Français [1].

— on les reconnaît encore — à une cicatrice qu'ils se font quand ils sont tout jeunes et qui va du haut du front jusqu'au milieu de l'arête du nez. On n'a jamais connu aux Krouman que quelques esclaves, mais il y a de cela fort longtemps, et ceux-ci étaient parfaitement traités. D'ailleurs ces Krouman ne les avaient point achetés, mais reçus de débiteurs qui ne pouvaient payer autrement leurs dettes.

1. D'un naturel assez doux et très hospitalier, malgré leur origine achantie, les indigènes du royaume d'Amatifou n'ont pu perdre encore entièrement leur goût pour les sacrifices humains. Ainsi la mort d'Amatifou a été cachée pendant une quinzaine de jours au résident de France à Grand-Bassam; l'on a tout lieu de supposer que, pendant ce temps, les funérailles du vieux roi ont été célébrées avec un éclat particulier, c'est-à-dire que le sang humain y a coulé dans de larges proportions. Amatifou n'abusait cependant pas de la peine de mort contre ses sujets, et il a laissé la réputation d'un chef sévère, mais équitable. Quand il croyait devoir punir, il n'admettait que deux peines, l'amende ou la peine capitale. L'amende se payait en marchandises ou en or.

## III

**Territoires de la Côte d'Ivoire et de la Côte d'Or. — Assinie, Dabou, Grand et Petit-Bassam. — Instruction publique ; moyens de défense.**

Territoires de la Côte d'Ivoire et de la Côte d'Or. — La limite du territoire dépendant des établissements de Grand-Bassam et d'Assinie a pour point de départ, à l'est, une ligne conventionnelle partant de la côte, près du village de Newton; le reste de la délimitation fait l'objet d'un protocole qui a été signé le 11 août 1889 entre la France et l'Angleterre et dont on a pu lire les termes exacts au début de ce chapitre.

Le territoire d'Assinie et de Grand-Bassam rejoint au nord-est le royaume d'Amatifou, qui se trouve aujourd'hui relié aux États protégés du Soudan français par les pays de Kong et de Bondoukou.

A l'ouest, nos possessions s'arrêtent à la rivière Cavally et les droits de la France sur la partie de la côte comprise entre les Lahou et la rivière Cavally sont incontestables et appuyés sur des traités réguliers.

Assinie, Dabou, Grand et Petit-Bassam. — Assinie est placée sur la rive droite de la rivière à laquelle elle a donné son nom; en face d'elle s'élève l'ancien poste où fut créé autrefois le fort Joinville; il y a quelques années, on y voyait encore de vieux canons laissés par nous en 1871, au moment de notre évacuation.

Grand-Bassam est situé à 27 milles environ à l'ouest d'Assinie. C'est également un village indigène, non loin duquel sont installés les comptoirs européens.

Le village de Dabou, où l'on avait jadis construit un blockhaus aujourd'hui en ruines, est placé sur la lagune d'Ebrié, à l'ouest de l'embouchure de l'Aéby.

Entre Dabou et Grand-Bassam, on rencontre, sur la partie méridionale de la lagune, et à 1.200 mètres seulement de la mer, le village de Petit-Bassam, dont il a été question à différentes reprises, au sujet du développement commercial de notre territoire de la Côte d'Or[1].

L'Instruction publique; les moyens de défense. — A Elima, en face d'Assinie, sur le lac Aby, il a été créé, il y a peu d'années, une école qui réunit une cinquantaine d'enfants; cette école est actuellement dirigée par un instituteur primaire.

Il n'y a pas de garnison à Grand-Bassam, mais seulement une milice noire d'une trentaine d'hommes; par suite, il n'existe pas d'ouvrages de défense.

1. Le littoral de Guinée ne possède qu'un très petit nombre de ports, tous situés sur les rivières, et, par suite, d'un accès difficile à cause de la barre qu'il leur faut franchir. Les autres points maritimes de la côte n'ont que des rades foraines.

Il est bien évident qu'on pourrait, au moyen de dépenses assez considérables et, par suite, hors de proportion avec le résultat qu'on pourrait en attendre à bref délai, créer sur quelque point du littoral un port de refuge où la barre ne serait plus à craindre. On a jusqu'ici reculé devant un tel projet.

Il existe cependant un endroit où cette barre n'existe pas, en raison de l'extrême profondeur de la mer; c'est celui auquel les marins ont donné le nom d'*Abîme sans fond* ou de *Fosse du Petit-Bassam*. A la côte même, la profondeur de l'Océan est encore de 30 mètres et la largeur de la Fosse est de 2 kilomètres. On a donc pensé que cette disposition exceptionnelle permettrait peut-être, par des moyens que peuvent seuls reconnaître les ingénieurs, de créer un port magnifique qui ne pourrait s'ensabler, n'étant pas à l'embouchure d'une rivière. A ce projet, qu'il sera nécessaire d'étudier sérieusement avant de le déclarer impraticable ou excellent, on en avait joint un autre, celui de relier Petit-Bassam au continent par un pont (de bois ou de fer) divisé en deux sections : la première d'une longueur d'environ 1,200 mètres en face du Petit-Bassam; la seconde, longue de 2,400 mètres environ, partant de l'île de Petit-Bassam, et aboutissant de l'autre côté de la lagune, près du village d'Aminkié.

## IV

### Commerce. — Exploitation de l'or. — Taxes et droits.

Commerce. — On a traité au chapitre IV de cette notice, toutes les questions relatives à l'agriculture sur la côte de Guinée. Il reste à parler de la question commerciale, en ce qui concerne la Côte d'Ivoire et de la Côte d'Or.

A Grand-Bassam et à Assinie, le commerce est entre les mains d'une maison française de la Rochelle, qui fait à elle seule les deux tiers des affaires du territoire. Le reste appartient à une maison de Londres, et une grande maison de Bordeaux essaie d'y créer une factorerie.

La maison de la Rochelle possède une petite flotte de bâtiments à voile et à vapeur qui sillonnent les lagunes pour y chercher les produits d'exportation et y apporter les marchandises européennes. Elle a à lutter principalement contre les Jacks-Jacks, qui exportent, à eux seuls, environ 5 à 6.000 tonnes d'huile de palme; elle exporte, de son côté, environ 1.000 tonnes, auxquelles il faut joindre 400 tonnes d'amandes de palme. Plus de la moitié de ces produits va dans les savonneries et les stéarineries de Marseille.

L'or est représenté par une exportation annuelle d'environ 1.500 onces (de 32 grammes), d'une valeur de 144.000 francs.

Le mouvement commercial, concentré jusqu'ici à Grand-Bassam et à Assinie, s'étend le long de la côte, au Lahou et à Petit-Bassam, que nous avons indiqué comme le futur port de la contrée. Du 1er janvier au 10 juin de cette année, les recettes locales se sont élevées à 96.374 fr. 07, dont 88.750 fr. 48 pour les douanes, alors que les prévisions pour la même période, étaient seulement de 53.473 francs.

Le territoire de Grand-Bassam est relié au Soudan français depuis le voyage du capitaine Binger et de M. Treich-Laplène, et les négociants de la contrée cherchent à établir des relations commerciales avec les États de Kong et les pays avoisinants. Ils cherchent également à créer un courant d'échanges avec un royaume indigène voisin de notre territoire de Grand-Bassam et appelé le royaume des Achantis.

Le pays des Achantis a pour capitale Coumassie qui est une grande ville d'environ 6 kilomètres de tour, et compte 10 à 15,000 habitants. Le royaume, bien qu'indépendant de nom, est en réalité vassal de l'Angleterre, qui cherche à empêcher les autres nations européennes d'y pénétrer. La population se prête d'ailleurs merveilleusement à ce résultat. Les Achantis ont horreur des blancs et l'on raconte que jadis, pour faire reculer les étrangers qui tentaient de pénétrer dans leur capitale, les habitants étendaient des cadavres sur les routes ou les attachaient aux arbres en grande quantité.

Coumassie n'est plus comme autrefois un groupe considérable de huttes bâties les unes auprès des autres sans ordre ni symétrie. Les Anglais, qui s'entendent merveilleusement en commerce et en colonisation, ont, dès leur arrivée dans le pays, dépensé des sommes considérables pour faire des voies de communication. Le commerce, qui n'avait qu'une importance relative, s'est alors développé dans des proportions énormes et l'influence européenne a peu à peu pénétré à Coumassie. Le village est devenu une ville, avec des rues bien alignées et des constructions modernes à un et à deux étages.

Les sacrifices humains, qui étaient quotidiens jadis et qui prenaient des proportions effroyables, lorsqu'il s'agissait de célébrer la mort d'une personne de la famille royale, ont beaucoup diminué depuis 1882.

Tout était alors un prétexte à verser du sang : il y avait sacrifice, si l'on brisait un œuf dans la rue, si l'on répandait de l'huile de palme, si le fétiche l'ordonnait — et il l'ordonnait souvent — s'il fallait enfin célébrer une fête quelconque, — or il y en avait deux ou trois par semaine. L'une des plus importantes était celle des ignames, dont la récolte aurait manqué si l'on n'avait pas eu de victimes à égorger.

Les rues de Coumassie, si tortueuses qu'elles fussent, avaient toutes des noms significatifs à cet égard ; l'un de ces noms voulait dire : « Tuez-les tous ! » Une autre s'appelait « Jamais sèche de sang. » Une autre encore « le Ruisseau rouge. »

Mais les Achantis se civilisent progressivement et l'introduction des marchandises européennes n'a pas peu contribué à ce résultat.

Malgré ses tueries d'autrefois, le pays est encore fort peuplé et l'on comprend tout l'avantage que des relations commerciales avec cette contrée procureraient aux factoreries françaises du littoral.

Heureusement, aujourd'hui le pays des Achantis n'est pas le seul qui avoisine nos territoires d'Assinie et du Grand-Bassam. Au nord-ouest des Achantis, au nord et au nord-ouest du royaume d'Amatifou, il y a les pays visités par MM. Binger et Treich-Laplène, qui deviendront un débouché important pour nos produits.

Evidemment les communications laissent à désirer; mais il y a les voies fluviales dont on pourra peut-être tirer parti.

On a développé déjà, mais dans une mesure très minime, les échanges entre nos comptoirs et les peuplades Quoua-Quoua et Glébos, etc., qui, comme nous l'avons dit précédemment, se trouvent sous notre protectorat jusqu'à la rivière Cavally.

Exploitation de l'or. — Au nord d'Assinie et dans le royaume d'Amatifou, on rencontre la continuation des gisements de terres aurifères qui couvrent le pays des Achantis et qui ont donné au littoral la dénomination actuelle de Côte d'Or.

L'exploitation de l'or se fait de deux façons selon l'époque de l'année; pendant la saison sèche, les indigènes n'ayant pas d'eau à leur disposition, creusent des puits dans le quartz aurifère et parviennent quelquefois à trouver des pépites qui pèsent 20, 30, 40 et même jusqu'à 100 ou 120 grammes Les procédés qu'ils emploient sont des plus primitifs et laissent échapper une certaine quantité d'or. C'est pendant l'hivernage, où les pluies sont torrentielles, que les noirs revoient avec soin toutes les terres où ils ont pu laisser échapper de l'or pendant la saison sèche. Cette terre, qui est une argile très ténue et qui forme le fond de toutes les vallées, contient aussi une certaine quantité de paillettes ou de poudre d'or. Le procédé employé est encore très rudimentaire; l'argile est placée dans des calebasses auxquelles on imprime un mouvement de rotation qui précipite l'or au fond du vase; tout le reste est entraîné et jeté. Les sables ne donnent guère plus de deux à trois francs d'or par mètre cube et ne sont pas exploitables pour les Européens. La maison Verdier a tenté cette exploitation et a dû y renoncer; il en a été de même pour les gisements du territoire anglais d'Apollonie.

Les noirs seuls y trouvent quelque profit; ils vont s'établir dans la forêt, installent des huttes, plantent quelques bananiers, puis, selon la saison, ils creusent des puits ou, armés de calebasses, ils se mettent à laver le sable; lorsqu'ils ont recueilli quelques onces de métal, ils viennent aux factoreries de la côte les échanger contre des marchandises européennes de leur goût, c'est-à-dire des étoffes, de l'alcool, de la poudre ou des fusils à pierre[1]. L'or se vénd aux factoreries à raison de trois francs le gramme.

Il existe également dans la contrée, près d'Aby, une source de bitume assez abondante.

Taxes et droits. — Un décret, en date du 3 septembre 1889, frappe les marchandises de toute prove-

1. Les chefs font également chercher l'or par leurs esclaves; ils l'enterrent dans leurs cases ou le font transformer en bijoux de filigrane qui contiennent de 50 à 60 pour cent du précieux métal. Ces bijoux sont portés par les femmes aux jours de fête ou aux grandes cérémonies. Ils ne sont mis dans le commerce que par hasard; lorsqu'un indigène ne peut se libérer vis-à-vis d'un négociant des avances que celui-ci lui a faites, ou qu'il désire avoir de nouvelles marchandises, il donne alors des bijoux en paiement ou en garantie. La poudre d'or est enfermée dans des calebasses enterrées sous la terre battue qui forme le sol de la case. Certains chefs possèdent ainsi des richesses considérables qu'on ne soupçonne pas. Il y a quelques années, M. Verdier devait recevoir d'un chef de la contrée une somme de 3 000 francs en poudre d'or; il arriva chez celui-ci quelques instants avant l'heure fixée pour le rendez-vous. Il trouva le chef entouré d'immenses calebasses pleines d'or qu'il venait de déterrer; M. Verdier estime qu'il y en avait là pour plus d'un million.

nances, importées à Grand-Bassam et Assinie, des droits suivants :

Les vins paient de 10 à 15 francs par hectolitre; les alcools et eaux de-vie de 40 à 60 francs; les armes 2 francs par pièce; les ouvrages en fonte, fer, acier, cuivre, 20 francs par 100 kilos; le sel, 1 franc par 100 kilog.; le tabac, 0 r. 80 par kilog.; les tissus, 15 0/0 de leur valeur; la coutellerie, 50 francs par 100 kilog.; les poteries, faïences, porcelaines, verres, 20 francs par 100 kilog.; le fer, 4 fr. les 100 kilog.; la poudre de traite, 0 fr. 50 par kilog.; les savons ordinaires, 20 francs par 100 kilog.; les savons de toilette, la parfumerie, les fils de toutes sortes, 20 0/0 *ad valorem;* les futailles, 3 francs chaque; les autres marchandises, 10 0/0 de leur valeur.

Une rue à Porto-Novo.

## CHAPITRE VI

## Établissements de la Côte des Esclaves.

### I

Le royaume de Porto-Novo. — Convention avec l'Allemagne.
Traité avec l'Angleterre.

Le royaume de Porto-Novo. — En 1863, le roi Sodji, souverain du royaume de Porto-Novo, plaçait ses États sous le protectorat de la France. Ceux-ci s'étendaient vers l'ouest jusqu'au royaume du Dahomey ; ils comprenaient, outre le territoire soumis actuellement à notre domination, une bande de terrain qui longeait la mer et s'étendait jusqu'à la lagune Corodou, c'est-à-dire presque jusqu'à Lagos. Peu de temps après, le Dahomey nous cédait le petit port de Kotonou, situé au sud-est de son royaume[1].

Mais les commerçants anglais de Lagos, voyant que, par le seul fait de notre établissement à Porto-Novo, une partie du commerce de la région allait leur échapper, se plaignirent si vivement que le commandant de la division navale britannique, sans s'inquiéter des traités déjà conclus, mit le blocus à l'embouchure de la rivière et menaça de bombarder Kotonou et Porto-Novo. Heureusement nous avions sur ce point un agent consulaire fort énergique, M. P. Béraud, dont les protestations troublèrent le commandant de la division britannique. Les bâtiments anglais se retirèrent et des indemnités furent données à divers négociants français qui avaient été lésés. Mais la suite des événements montra combien les Anglais ont raison d'élever constamment des protestations à tout propos et bien souvent sans motif plausible; le gouvernement de l'Empereur, voulant se concilier sans doute le cabinet de Saint-James, céda à la colonie de Lagos la bande littorale qui s'étendait de la rivière Addo à la lagune de Corodou.

Un peu plus tard, laissé sans organisation, sans ressources, notre protectorat de Porto-Novo cessa bientôt de fonctionner, et le contre-amiral Laffon de Ladébat, commandant la division navale de l'Atlantique sud, crut alors devoir faire évacuer le pays.

Convention avec l'Allemagne. — En 1883, après un abandon de plusieurs années, nos établissements furent réorganisés (décret du 16 décembre) et placés sous l'auto-

1. Cette cession, faite verbalement en 1864 au cours d'une visite que firent, à Abomey, le capitaine de vaisseau Devaux et M. Daumas, agent consulaire de France à Porto-Novo, ne fut confirmée par traité que le 19 mai 1868.

rité du commandant particulier de notre colonie du Gabon.

Le grand mouvement qui, depuis quelque temps déjà, portait les principales puissances européennes à fonder des établissements en Afrique, avait rendu cette réorganisation nécessaire, et ce même motif nous avait fait accepter, en 1883, la demande de protectorat adressée à la France par les chefs des pays de Petit-Popo et de Grand-Popo, desquels dépendaient aussi les villages de Porto-Séguro, d'Agoué et de Togo; mais il arriva qu'au moment où nos droits venaient d'être reconnus (avril 1885), l'Allemagne avait, à la suite d'un conflit entre un de ses nationaux et un chef indigène, planté son pavillon sur Togo et à Porto-Séguro.

C'est alors que fut conclue, le 24 décembre suivant, entre les cabinets de Paris et de Berlin, la convention qui règle la situation respective de la France et de l'Allemagne dans la région :

Le gouvernement de la République française, en reconnaissant le protectorat allemand sur le territoire de Togo, renonce aux droits qu'il pourrait faire valoir sur les territoires de Porto-Séguro, par suite de ses relations avec le roi Mensa.

Le gouvernement de la République française renonce également à ses droits sur Petit-Popo et reconnaît le protectorat allemand sur ce territoire.

Les commerçants français à Porto-Séguro et à Petit-Popo conservent pour leurs personnes et pour leurs biens, de même que pour les opérations de leur commerce jusqu'à la conclusion de l'arrangement douanier prévu ci-dessus, le même bénéfice de traitement [1].

Les limites de notre possession de Grand-Popo et d'Agoué se trouvent ainsi bien définies, entre le Dahomey, du côté de l'est, et vers l'ouest, du côté de la colonie allemande de Togo.

1. Cette même convention réglait la question de la Dubréka, ainsi que tout ce qui était relatif à la délimitation du Congo français et du Kameroun (Voir les fascicules du Sénégal et du Congo).

A Porto-Novo, il restait à régler la question relative à la délimitation du territoire français dans la direction anglaise de la colonie de Lagos dont les agents cherchaient constamment à empiéter sur des portions de territoires nous appartenant. L'arrangement suivant qui résout cette question a été conclu le 11 août 1889 :

TRAITÉ AVEC L'ANGLETERRE. — Art. 4, § 1er. — Sur la Côte des Esclaves, la ligne de démarcation entre les sphères d'influence des deux puissances se confondra avec le méridien qui coupe le territoire de Porto-Novo à la crique d'Ajarra, en laissant le Pokrah ou Pokéa à la Colonie anglaise de Lagos. Elle suivra le méridien précité pour s'arrêter, au nord, au 9e degré de latitude nord. Au sud, elle ira aboutir à la plage, après avoir traversé le territoire d'Appah, dont la capitale restera à l'Angleterre.

La navigation de l'Ajarra et celle de la rivière d'Addo seront libres et ouvertes aux habitants et aux embarcations des deux protectorats.

§ 2. — Des garanties seront stipulées en vue d'assurer aux commerçants français toute liberté pour leurs échanges avec les pays qui ne seraient pas compris dans la sphère d'influence de la France, et notamment avec les Egbas.

Réciproquement, des garanties seront stipulées en vue d'assurer aux commerçants anglais toute liberté pour leurs échanges avec les pays qui ne seraient pas compris dans la sphère d'influence de l'Angleterre.

§ 3. Des garanties seront également stipulées en faveur des habitants de Kotonou et de la partie française du territoire d'Appah. Ces habitants seront libres d'émigrer s'ils le désirent et ceux qui resteront seront protégés par les autorités françaises contre toute atteinte, de la part du roi de Porto-Novo ou de ses gens, à leurs personnes, leur situation et leurs biens.

Les mêmes garanties seront stipulées en faveur des habitants du territoire de Pokrah.

§ 4. — Il est convenu, en outre, que : 1° l'action politique du Gouvernement français s'exercera librement à l'ouest de la ligne frontière, et que, 2° l'action politique du Gouvernement anglais s'exercera librement à l'est de la ligne frontière.

§ 5. — Comme conséquence de l'entente qui vient d'être ainsi définie, et pour éviter les conflits auxquels les rapports journaliers des populations du pays de Porto-Novo avec les habitants de Pokrah pourraient donner lieu si un poste de douane devait être établi par l'une ou l'autre des parties contractantes à la crique d'Ajarra, les délégués français et anglais s'accordent à recommander à leurs Gouvernements respectifs la neutralisation, au point de vue douanier, de la partie du territoire de Pokrah comprise entre la crique Ajarra et l'Addo, en attendant qu'un accord douanier définitif puisse intervenir entre les établissements français de Porto-Novo et la colonie de Lagos.

ANNEXE. — § 1. « Le méridien qui coupe le territoire de Porto-Novo à la crique d'Ajarra » doit signifier :

1° (Au nord de la lagune de Porto-Novo), le milieu du cours de la rivière Ajarra ou Ajera, jusqu'au point où cette rivière cesse de séparer le royaume de Porto-Novo de celui de Pokrah et, de là, le méridien de ce point, au nord, jusqu'au 9° parallèle de latitude nord ;

2° (Au sud de la lagune de Porto-Novo), le méridien du milieu de la rivière Ajarra à son embouchure dans la lagune de Porto-Novo ;

3° La ligne frontière a été décrite dans cette convention, d'après le « Sketch survey of the Inland water communications in the colony of Lagos, by Harbour-Master speeding, 1886 ».

## II

Territoire de Grand-Popo ; l'Agomé. — La lagune Denham et l'Ouémé. — Les populations de la Côte des Esclaves. — Les Minas. — Les Nagos.

TERRITOIRE DE GRAND-POPO ; L'AGOMÉ. — La côte de Grand-Popo et de Porto-Novo présente à peu près les mêmes caractères que celles d'Assinie et de Grand-Bassam, mais elle est défendue, en outre, par des brisants formidables, où des pilotes expérimentés peuvent seuls s'aventurer[1]. Du large, les entrées des rivières sont presque invisibles et la côte n'est indiquée que par les arbustes ou les bouquets de cocotiers qui entourent les villages du littoral[2].

1. Les territoires de Grand-Popo et de Porto-Novo sont sur la côte des Esclaves, à 550 kilomètres environ à l'est de Grand-Bassam et d'Assinie.

2. Dans cette contrée, les baies intérieures des cours d'eau

Les collines, qui commencent assez loin de la mer, forment, comme sur la Côte d'Ivoire, des gradins successifs d'une hauteur de 60 à 70 mètres chacun et vont ainsi se rattacher aux hauts plateaux de l'intérieur qui n'ont pas plus de 800 mètres d'altitude.

A Grand-Popo, le littoral est double et la bande maritime est séparée du continent par un canal qui fait communiquer entre elles les lagunes Avon, Denham et Korodou, allant ainsi du pays de Togo à la colonie de Lagos, à travers le Dahomey et le royaume de Porto-Novo [1].

Le territoire de Grand-Popo est traversé par les rivières d'Agomé et de Grand-Popo; cette dernière se divise en plusieurs bras, en se jetant dans le canal des lagunes, et forme quelques îles dont les plus importantes sont les îles Mattah, Macou et Tabarge. En toute saison, la communication existe avec la mer; cependant les indigènes pratiquent souvent des coupures dans la bande maritime pour y faire passer leurs barques. La barre, si violente en certains endroits de la côte de Guinée, n'est pas très forte en face du village d'Agomé.

LA LAGUNE DENHAM ET L'OUÉMÉ. — A l'ouest de Porto-Novo se trouve la lagune Denham (ou Nakhoué), dans laquelle s'écoule la rivière Ouémé, qui a une profondeur moyenne de quatre mètres et dont le cours supérieur passe à Agonly, à huit heures de marche d'Abomey, capitale du Dahomey [2].

A partir du littoral, sillonné par de petits canaux, le

cachent une quantité de petites criques, au bord desquelles, bien abrités par des arbres touffus, les traitants d'autrefois pouvaient, sans crainte d'être vus, amener leurs caravanes d'esclaves.

1. La lagune Avon porte le nom du navire anglais qui, le premier, l'explora en 1846.

2. Le roi du Dahomey a eu pendant un certain nombre d'années la prétention d'interdire aux Européens de remonter le cours de l'Ouémé. Aujourd'hui cette prétention ne saurait plus exister; car une partie des chefs riverains de l'Ouémé se sont placés en mai 1887 sous le protectorat de la France.

terrain se relève peu à peu, de manière à former un vaste plateau que bordent, à l'ouest, la rivière Ouémé, à l'est, la rivière Addo.

Les populations de la Côte des Esclaves; les Minas. — Le territoire de Grand-Popo et d'Agomé est habité par une peuplade qui a fourni jadis aux négriers portugais,

La place du marché au bois à Porto-Novo.

lesquels les envoyaient au Brésil, un nombre considérable d'esclaves. Les indigènes de ce pays portent le nom de *Djédis,* mais ils sont plus connus sous celui de *Minas,* qu'on leur donne encore dans l'Amérique du Sud. Ce sont des hommes de haute taille, bien découplés, très vigoureux, qui se sont fait estimer par leur douceur et leurs qualités morales, comme ils se sont fait craindre au Brésil par leur amour de la liberté [1].

1. Comme tous les noirs de Guinée, les *minas* sont fétichistes; mais ils ont plus particulièrement le culte des reptiles et il s'ensuit

Les Nagos. — A Porto-Novo, les habitants du territoire, appelés *Nagos*, appartiennent, comme leurs voisins les Egbas, au grand peuple des Yoroubas. Ce sont des êtres doux, bienveillants, consciencieux, sincères et très serviables. Chez eux, comme chez les Krouman, la propriété est collective; ils sont agriculteurs et cultivent spécialement l'igname et le maïs, qui sont leur principale nourriture; mais ils ont également des plantations de manioc, de mil, d'arachides, de bananes, de patates, etc. D'ailleurs, le pays, qui est fort riche, se prête merveilleusement aux travaux agricoles de toutes sortes.

Les Nagos excellent aussi à extraire le vin de boudou, de l'arbre appelé le raphia, au sommet duquel ils grimpent avec une agilité prodigieuse. Ils sont en outre fort industrieux et fabriquent des étoffes qu'ils teignent ensuite, des poteries et des objets en fer ou en peau.

Ainsi que tous les noirs de la Côte de Guinée, ils sont idolâtres et leur crainte du fétiche est telle, que l'étranger qui visite le marché au bois de Porto-Novo est frappé d'un spectacle vraiment curieux.

Tout autour de la place sont déposées les piles de bois à vendre; seulement il n'y a là que des acheteurs et pas de marchands, ceux-ci étant partis à leurs affaires. Comme le bois a un prix fixé d'une manière invariable, chaque noir fait lui-même sa provision à l'une des piles et dépose par terre, en face de la pile, le prix de son achat en cauris. Quoique le marchand soit absent, aucun acheteur ne songe à voler, car, d'après la croyance des indigènes, la place est surveillée par le fétiche et le voleur tomberait aussitôt foudroyé.

Toutes ces peuplades, Nagos ou Minas, qui habitent Grand-Popo ou Porto-Novo, fort jalouses de leur indépendance, ont été bien souvent en butte à des attaques, aux-

que ces animaux, n'étant jamais détruits, pullulent dans toute la contrée.

quelles elles n'ont pas toujours pu résister, de la part des bandes armées du royaume du Dahomey, qui se trouve situé justement entre les deux possessions.

## III

Territoire de Grand-Popo. — Royaume de Porto-Novo. — Kotonou et Afatonou. — Ville de Porto-Novo. — Gouvernement du royaume. — La langue française. — Troupes et milices.

Territoire de Grand-Popo. — Le territoire de Grand-Popo est situé sur la Côte des Esclaves, à l'ouest de la partie maritime du Dahomey. Il est borné de ce côté par une ligne partant de la mer et rejoignant directement vers le nord la rivière de Grand-Popo, limite orientale du territoire. Du côté de l'ouest, la frontière suit également une ligne qui part d'un point situé entre Petit-Popo et Agomé et se dirige vers le nord perpendiculairement à la mer. Il n'y a pas de limites du côté du nord.

Cette possession contient, d'après Zoller, environ 120,000 habitants, et les pays situés au nord, environ 200,000. D'après le même auteur, la contrée voisine de Togo et de Petit-Popo, qui appartient aux Allemands, compte 60,000 habitants et les pays limitrophes 50,000.

La Baranquère, Agomé et la ville de Grand-Popo. — Les centres principaux de cette enclave sont : Agomé, Grand-Popo et la Baranquère.

La Baranquère, appelée Abaranquère par les indigènes, n'est qu'une réunion de quelques misérables huttes ; on y voit une factorerie française.

Agomé (Ajigo) est à 9 kilomètres de Petit-Popo. C'est une ville commerçante, entourée d'un grand nombre de champs cultivés. Ce sont surtout les nègres qui y font le commerce. Son port est un des plus sûrs de la côte et son climat n'est pas malsain. Les caravanes de l'intérieur commencent à en prendre le chemin et contribuent ainsi à son développement.

Grand-Popo a été fondée, comme Agomé et la Baranquère, par des indigènes persécutés du Dahomey, des Minas libérés revenus du Brésil et des mahométans de l'intérieur. On a ainsi une population très diverse, fétichiste, chrétienne et musulmane. Une partie de Grand-Popo est sur la mer; l'autre partie, appelée Salt- Pond-Havy, est située sur la lagune. On y fait également un grand commerce.

Royaume de Porto-Novo. — De l'autre côté de la région côtière du Dahomey est le royaume de Porto-Novo, dont les limites sont les suivantes : à l'ouest, une ligne brisée partant d'un point du littoral et aboutissant, à peu de distance de là, à la lagune Denham; puis elle suit la rivière Ouémé jusqu'à l'endroit où elle pénètre complètement sur le territoire dahoméen; au nord, ce sont les frontières du Dahomey; enfin, à l'est, notre territoire touche celui de Lagos, dont il est séparé, d'abord par une ligne partant de la mer et fixée par l'arrangement du 11 août 1889, qu'on a pu lire, *in extenso,* au début de ce chapitre.

Kotonou et Afatonou. — Le port de cette possession est Kotonou (Appi) où les bâtiments entrent en franchise, tandis qu'ils paient des droits assez considérables à Lagos; aussi le mouvement maritime augmente-t-il sans cesse!

Auprès de Kotonou, dans la lagune, est le village d'Afatonou, créé autrefois par des indigènes de Godomé, poursuivis par les noirs du Dahomey. Le fétiche défendant aux soldats de ce royaume de franchir l'eau autrement qu'à gué et leur interdisant par suite l'usage des ponts ou des bateaux, les gens de Godomé se sont installés sur la lagune même dans des habitations bâties sur pilotis.

Ce village a cela de singulier que les palabres se tiennent en l'air, sur les toits presque plats des cases, ou *tadjis;* c'est également sur ces toits que, les jours de fête, gambadent les danseuses. Lorsque quelqu'un tombe à l'eau, personne ne s'en inquiète; une chute dans la lagune n'a rien de bien grave pour ces indigènes qui nagent admirablement et qui ont en outre une pirogue remisée sous chaque habitation.

VILLE DE PORTO-NOVO. — Nous arrivons enfin à Porto-Novo, le Port-Neuf des Portugais, l'Adjaché des noirs.

Lagos seule dépasse Porto-Novo en population. Dans cette dernière ville, ou plutôt dans ce groupe de villages, on compte environ 20.000 habitants (200.000 pour le royaume entier).

Marchands de manioc.

Porto-Novo fait un grand commerce avec les districts de l'intérieur du bassin du Niger. Les principaux objets d'échange sont, principalement, le tabac, la poudre, les étoffes et les boissons alcooliques; on y expédie des noix pour le Brésil et, pour l'Europe, des amandes et de l'huile de palme. En outre, on y fabrique des étoffes en fil d'ananas et on y recueille du sel qu'on vend aux tribus de l'intérieur.

GOUVERNEMENT DU ROYAUME. — Le gouvernement du royaume est absolument unique en son genre. Il y a deux rois à Porto-Novo, le roi de jour et le roi de nuit.

Le roi de jour, Toffa, est le plus considéré; c'est lui qui a les droits politiques, qui dirige l'administration. Il doit être rentré chez lui au coucher du soleil. Au contraire, le roi de nuit ne peut sortir que lorsque le jour a disparu; c'est un simple chef de police, dont la mission est uniquement de veiller à la tranquillité de la ville. Chaque roi a droit de mettre à mort son collègue, s'il le rencontre dans les rues pendant son interrègne.

LA LANGUE FRANÇAISE. — La langue française est peu répandue dans ces contrées et particulièrement à Porto-Novo. On y parle l'anglais, un peu de portugais et beaucoup de dialectes indigènes.

Il y a quatre ou cinq ans, les missionnaires et les sœurs établis sur nos possessions enseignaient l'anglais dans leurs classes; mais le commandant particulier leur imposa la langue française et l'on commence aujourd'hui à la parler un peu.

La mission catholique instruit chaque année 110 à 120 garçons et 80 filles; quant à l'école protestante, elle est beaucoup moins suivie et ne compte que 35 à 40 élèves.

TROUPES ET MILICES. — A Porto-Novo, il y a une compagnie d'infanterie indigène, la 10e du régiment des tirailleurs sénégalais, dont il a été question dans une précédente notice.

Outre cette compagnie, il a été organisé, depuis le mois de mars 1890, une milice recrutée parmi les Européens et les indigènes résidant sur le territoire français de Benin. Cette force armée se compose de quatre compagnies (trois pour Porto-Novo, une pour Agomé et Grand-Popo), dont l'effectif par compagnie est le suivant :

1 chef de compagnie; 4 chefs de section; 4 brigadiers; 8 sous-brigadiers, et 100 miliciens. Soit 117 hommes par compagnie et 468 hommes pour la milice tout entière.

Ces compagnies peuvent être mobilisées par décision du lieutenant-gouverneur; en cas d'urgence et d'événements graves, cette mobilisation est ordonnée par le résident de France. Elles sont à la disposition absolue de l'autorité civile; mais, si elles font partie d'une colonne constituée, elles relèvent de l'autorité militaire.

## IV

Commerce et relations commerciales. — Le Dahomey. — Le pays des Egbas. Les Yoroubas. — Taxes et droits.

Commerce et relations commerciales. — A Grand-Popo et à Porto-Novo, le commerce français appartient aux maisons Mante frères et Borelli de Regis, Cyprien Fabre, Colonna de Leca et Maurel. Il y a, en outre, douze maisons créoles, cinq maisons allemandes, une anglaise, une portugaise et cinq brésiliennes.

Comme à Grand-Bassam, les exportations ne se composent guère que d'huile et d'amandes de palme.

En 1886, les exportations se sont élevées, pour toute la côte de Guinée, à plus de cinq millions de francs, et les importations à près de quatre millions.

En 1888, elles ont atteint, pour Porto-Novo et Grand-Popo, un total de 10.145 tonnes d'huile de palme (d'une valeur de 500 francs chaque), et de 10.711 tonnes d'amandes de palme (d'une valeur de 250 francs chaque); on a exporté en outre 6.000 noix de coco. La valeur de ces exportations a donc dépassé 10 millions de francs cette année-là.

En 1889, le mouvement commercial s'est élevé pour Grand-Popo et Agomé à 2.626.300 francs; de ce chiffre, il y a 1.429.150 francs d'importations (dont 1.080.600 francs par maisons françaises) et 1.197.150 francs d'exportations (dont 907.950 francs par maisons françaises).

Pour Porto-Novo et Kotonou, il y a eu pour 6.308.200 fr. d'importations (dont 4.768.950 francs par maisons françaises) et pour 4.808.750 francs d'exportations (dont 3.900.800 francs par maisons françaises); au total 9.577.500 francs.

Ainsi, sur un mouvement commercial total de 14.141.550 fr., dont 7.737.350 fr. à l'importation, la France est représentée par un chiffre de 10.661.300 fr. dont 5.582.550 fr. à l'importation et 4.808.750 fr. à l'exportation.

En outre, le royaume du Dahomey, dont la partie littorale est enclavée entre nos deux possessions et dont le commerce se trouve presque tout entier entre les mains de maisons françaises, a eu, cette même année 1889, un mouvement d'échanges s'élevant à la somme de 11.763.100 fr.; les exportations y sont comprises pour 5.346.850 fr. (dont 4.491.750 fr. par maisons françaises) et les importations pour 6.416.250 fr. (dont 5.930.150 fr. par maisons françaises).

Par conséquent le mouvement d'affaires de toute la région (Grand-Popo, Dahomey, Porto-Novo), ne s'élève pas à moins de 26 millions de francs (dont 21.530.000 fr. par maisons françaises).

Il faut faire remarquer en outre qu'une certaine quantité de produits de la colonie sont exportés par la voie anglaise de Lagos, où il passe chaque année, venant de Porto-Novo ou du Dahomey, environ 7.000 tonnes d'amandes et 4.000 tonnes d'huile de palme.

Les principaux articles européens qui se vendent dans le pays sont :

Les alcools (genièvre, venant de Hambourg, tafia, absinthe et anisette venant de Marseille), les tissus, le tabac venant du Brésil, le sel, venant de Port-de-Bouc ou de Gibraltar, les armes, provenant de Liverpool, les poudres, provenant de Saint-Chamas et de Hambourg, enfin les faïences, la quincaillerie, la mercerie, les chaussures, les verroteries et les comestibles (presque tous ces articles venant de France).

Quant aux produits d'exportation, ce sont, comme on l'a vu plus haut : en première ligne, les huiles et les amandes de palme, puis les noix de coco ou bien le maïs.

Les commerçants français s'efforcent d'attirer à eux une partie du commerce de l'intérieur. Comme ceux de Grand-Bassam et Assinie qui cherchent à atteindre Coumassie, les maisons de commerce tentent de faire arriver leurs marchandises à Abomey, capitale du royaume du Dahomey, à Abéokouta, ville principale du pays des Egbas, et dans le Yorouba, petit État situé au nord d'Abéokouta; les deux derniers ont signé avec la France des traités de commerce.

Il nous semble donc utile de donner de ces trois contrées un aperçu rapide :

*Le Dahomey.* — Entre Grand-Popo et Porto-Novo se trouve le royaume du Dahomey, État complètement indépendant.

Les Portugais ont pendant quelque temps occupé Whydah, mais ne pouvant, malgré leurs tentatives, pénétrer dans le pays, ils ont évacué ce point en 1887.

La capitale du Dahomey est Abomey (qui veut dire cité dans l'enceinte), ville forte avec des portes monumentales, de larges fossés et une ceinture impénétrable d'arbres épineux. A vol d'oiseau, elle est à 440 kilomètres de Whydah et à 450 kilomètres d'Agomé. Par la rivière Ouémé qui nous appartient en partie, elle est à peu près à la même distance de Kotonou, mais ce cours d'eau est une voie commode et permet d'arriver à Agonly, à huit heures de marche d'Abomey.

On a vu, dans un des chapitres précédents, qu'Agomé était un excellent port devant lequel la barre était praticable en tout temps et que Kotonou, sans être très mauvais, était loin d'avoir la valeur d'Agomé. Ces deux points sont bien supérieurs cependant à Whydah, dont le mouillage présente peu de garanties, dont la barre est souvent impraticable et toujours dangereuse.

Le Dahomey, pays très riche et très peuplé, pouvant donner des quantités considérables d'huile et d'amandes de palme, produits si nécessaires à notre industrie métropolitaine, résiste encore, quoique péniblement, à l'invasion commerciale des Européens.

Il lui faudra cependant céder d'autant plus que la seule puissance européenne limitrophe du Dahomey, la France, se trouvera souvent amenée, par la force des choses, à intervenir dans les affaires de ce pays; car les Dahoméens ne se contentent pas de se livrer dans leur pays même, comme le faisaient autrefois les Achantis, à d'épouvantables séries de sacrifices humains; il faut encore que de temps en temps, ils envahissent en nombre les territoires placés sous notre protectorat, principalement le territoire de Porto-Novo, et en enlèvent les habitants. Ils ont ainsi pénétré chez nous en 1883, en 1884 et en 1887; en mars 1889, ils sont venus attaquer la ville même de Porto-Novo et y ont enlevé 1,800 indigènes[1].

On évalue la population totale du Dahomey à 250.000 habitants environ. Cet État est gouverné par un roi qui exerce sur ses sujets le pouvoir le plus absolu et le plus despotique. Ce souverain a auprès de lui, une armée de 8.000 à 10.000 soldats, dont une partie est pourvue de mauvais fusils à pierre. Ces 10.000 soldats ne sont pas tous des hommes, il y a parmi eux, une troupe d'environ 2.000 amazones, spécialement chargées de la garde de la personne du souverain.

Comme on l'a vu précédemment, c'est Glégié, le prédécesseur du roi actuel, qui nous a cédé, en 1878, par l'entremise du caberène (grand chef) Chandatou gouverneur (ou yévogan), le port et le territoire de Kotonou. Voici d'ailleurs l'article du traité signé entre les représentants des deux parties, qui est relatif à cette cession :

« Le roi Glégié abandonne en toute souveraineté à la France le territoire de Kotonou avec tous les droits qui lui appartiennent sans aucune exception ni réserve et suivant les limites déterminées au sud par la mer, à l'est par la limite actuelle des deux royaumes de Porto-Novo et du Dahomey, à une distance de six kilomètres de la factorerie Régis aîné, sise à Kotonou, à l'ouest, à une distance de six kilomètres. »

*Le pays des Egbas.* — Au nord-est de Porto-Novo, le territoire soumis à notre protectorat touche directement une région très peuplée, nommée pays des Egbas.

Ces Egbas, qui sont de la même race que les Nagos de Porto-Novo et les Yoroubas d'Ibadan, sont, paraît-il, au nombre de 12 à 15,000.

1. Depuis que ces lignes ont été écrites, il s'est passé un fait nouveau qui vient en quelque sorte confirmer ce qui a été dit. Le drapeau français à été insulté au village de Dangbo, sur le fleuve Ouémé; de plus, le représentant de la France, le lieutenant-gouverneur Bayol, venu en mission chez le roi du Dahomey, a été retenu de force par celui-ci et obligé d'assister à une nouvelle et effroyable série de sacrifices humains. En outre, le roi du Dahomey, ayant au début de l'année 1890, nié le traité qui nous cédait Kotonou, ayant également essayé de nous reprendre par la force ce point par lequel passent les voyageurs et les marchandises à destination de la colonie ainsi que les produits venant du pays, ayant enfin envahi le territoire soumis à la France, les hostilités se sont engagées et à la fin du mois d'avril, après plusieurs engagements avec nos troupes, les forces dahoméennes se sont repliées et sont rentrées dans les limites de leur pays.

Ils sont très doux, très travailleurs et fort industrieux, comme leurs frères les Nagos. Leur capitale est Abéokouta, où les Anglais de Lagos ont tenté mainte fois de s'établir.

Mais les Egbas n'ont pas oublié que ceux-ci, en 1860, les ont massacrés et chassés du littoral qu'ils occupaient et de Lagos, leur port principal. Ils sont donc mieux disposés pour les Français qui se sont établis dans le pays sans avoir mis les armes à la main.

Désireux de faire du commerce avec la côte, ils ont repoussé l'idée d'aller à Lagos, où d'ailleurs les droits sont énormes, et ont pensé à lier avec Kotonou des relations très suivies; malheureusement, le souverain indigène de Porto-Novo, le roi Tofa, notre protégé, les empêchait de pénétrer sur son territoire, qu'on doit nécessairement traverser pour gagner Kotonou. Mais, grâce aux insistances du résident français, Tofa a tout récemment consenti à laisser passer les Egbas.

*Les Yoroubas.* — Au nord du pays des Egbas, se trouve celui des Yoroubas, qui est encore plus riche et plus peuplé que le précédent. On comprendra donc l'intérêt considérable que nous avons de nous établir dans ces contrées où nous pouvons arriver quelque jour à contrebalancer un peu l'influence acquise par les Anglais dans le Bas-Niger.

Taxes et droits. — A Kotonou, il existe, depuis le 1er avril 1890, des droits à l'importation qui ont été fixés comme suit :

Les marchandises de toute provenance, importées dans les territoires de Kotonou, Porto-Novo, et dans les territoires placés sous le protectorat de la France à l'est de Grand-Popo, seront soumises aux droits suivants :

Genièvre (par caisse de 8 litres) : au-dessus de 40°, 0 fr. 80; — de 40° à 60°, 1 fr. 20; — au-dessus de 60°, 2 francs.

Rhum (par litre) : au-dessus de 40°, 0 fr. 04; — de 40° à 60°, 0 fr. 06; — au-dessus de 60°, 0 fr. 10.

Tabac, 0 fr. 25 par kilogr. — Poudre, 6 fr. 25 par livres anglaises. — Fusils, 1 fr. 25 par pièce. — Sel, 10 francs la tonne de 1.000 kilos.

Tous les articles autres que ceux mentionnés ci-dessus sont admis en franchise.

Il n'a pas encore été établi de droits à l'exportation.

## Conclusion.

Il apparaît nettement de ce que l'on vient de lire que nous avons tout à faire dans ces pays d'un si grand avenir.

Nous y avons deux centres d'action importants, d'où nous devons tendre avant tout à gagner la vallée du Niger. Les résultats de la mission du capitaine Binger a été de nous assurer les pays qui sont au nord de Grand-Bassam et touchent à nos possessions du Soudan français; du côté de Porto-Novo, il n'y a pas moins à faire, mais, étant donné l'état de sauvagerie dans lequel vivent les populations du Dahomey, il nous faudra faire sans doute quelques sérieux efforts.

Enfin, nous devons dans le plus bref délai possible, transformer en protectorat effectif, le protectorat que nous exerçons nominalement sur les populations maritimes, situées entre la petite Lahou et la rivière Cavally, explorer les régions de l'intérieur et chercher une voie de communication suffisamment commode entre le littoral et les contrées explorées par le capitaine Binger, tels que le Djimini et les États de Kingo.

Plus tard, on pourra songer à améliorer un peu les ports de Kotonou et d'Agomé et peut-être même à créer celui de Petit-Bassam, s'il est reconnu, après études, qu'il est possible de le construire.

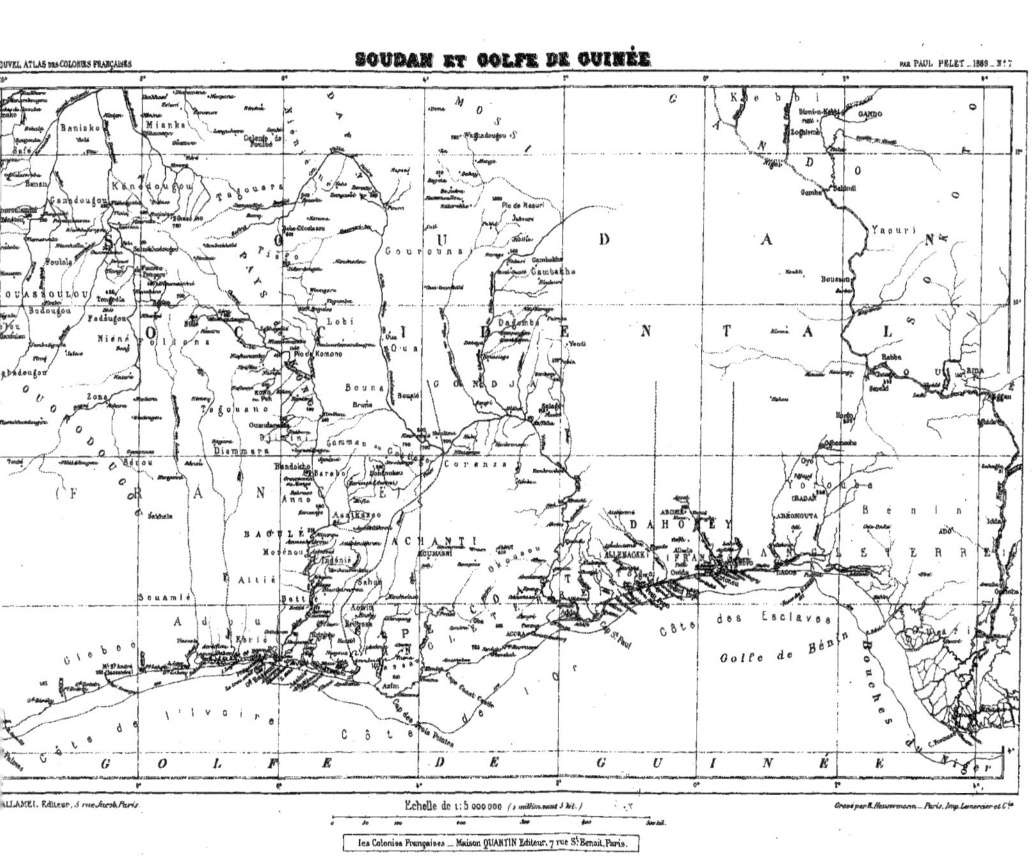

SOUDAN ET GOLFE DE GUINÉE
NOUVEL ATLAS DES COLONIES FRANÇAISES
PAR PAUL PELET _ 1889 _ N° 7
S O U D A N
O C C I D E N T A L
F R A N C E
A N G L E T E R R E
Côte de l'Ivoire
Côte de l'Or
Côte des Esclaves
Golfe de Bénin
Bouches du Niger
G O L F E D E G U I N É E
ACHANTI
DAHOMEY
ALLEMAGNE
Gourounsi
Lobi
Bouna
Yaouri
Borgou
Yorouba
Bénin
Kénédougou
Baniako
Mianka
Tagouara
Dagomba
Gambakha
Tagouano
Diammara
Baoulé
Attié
Souamlé
Achanti
Sahué
Assikasso
Bandokho
Anno
Bouroumis
Gaman ou Coranza
Okouaou
Fanti
Yendi
Salaga
Koumassi
Accra
Lagos
Abéokouta
Ibadan
Rabba
Bida
Gando
Boussa
Gambo
Sokoto
Yorouba
Cap des Trois Pointes
Cap St Paul
Échelle de 1:5 000 000
CALLAMEL, Éditeur, 5 rue Jacob, Paris.
Gravé par E. Hausermann _ Paris, Imp. Lemercier et Cie
Les Colonies Françaises _ Maison QUANTIN Éditeur, 7 rue St Benoit, Paris.

## Bibliographie.

BOUCHE (abbé). — *La Côte des Esclaves.* — Paris, 1884.

BARRET. — *L'Afrique occidentale.* Paris, 1887.

BORGHERO. — *Notes sur la côte de Guinée.* Paris, 1886.

BOUET-WILLAUMEZ. — *Commerce et traite des noirs aux côtes occidentales d'Afrique.* Paris, 1848.

CONGRÈS COLONIAL NATIONAL. — *Procès-verbaux et rapports.* Paris, 1890.

DESRIBES (abbé). — *L'Évangile au Dahomey et à la Côte des Esclaves.* Clermont-Ferrand, 1877.

GAFFAREL. — *Les Colonies françaises.* Paris, 1885.

GRAVIER. — *Recherches sur les navigations européennes faites au moyen âge sur les côtes occidentales d'Afrique, en dehors des navigateurs portugais du* XVIe *siècle.* Rouen, 1881.

DE LANESSAN. — *L'expansion coloniale de la France.* Paris, 1886.

LIBRECHT D'ALBÉCA. — *Les établissements français du golfe de Bénin.* Paris, 1890.

MAGER. — *Atlas colonial.* Paris, 1884.

MOLONEY (Alfred), gouverneur de Lagos. — *Sketch of the foresty of west Africa.* London, 1887.

Dr NICOLAS. — *Guide médical du voyageur en Afrique.* Paris, 1886.

*Notices et statistiques coloniales.*

*Notes manuscrites.*

RECLUS. — *Géographie universelle.* Paris, 1886.

VIGNON. — *Les Colonies françaises.* Paris, 1885.

VITET. — *Dieppe.* Paris, 1845.

# OBOCK

Rade d'Obock.

# OBOCK

## CHAPITRE PREMIER

### Précis historique.

M. Henri Lambert. — Rivalité de Sharmaket et d'Ibrahim Aboubeker. — Reconnaissance d'Aboubeker envers la France. — Mission du capitaine Russel. — Assassinat de M. Lambert. — Le commandant Fleuriot de Langle. — Voyage de Dini-Ahmet à Paris. — Traité du 11 mars 1862. — Prise de possession d'Obock. — Le pavillon égyptien indûment hissé sur notre territoire. — Les premiers colons. — Motifs de la création du port d'Obock. — Mission du commandant Conneau et de M. Lagarde. — Annexion de Tadjourah et des territoires voisins; cession des îles Mouscha. — Cession du Ras-Jibouti et traités avec les tribus de l'intérieur.

M. Henri Lambert. — En 1857, le gouvernement français nommait agent consulaire à Aden un jeune homme d'une trentaine d'années, M. Henri Lambert, qui avait été d'abord volontaire de marine à Lorient, puis négociant et chercheur d'or en Australie, et dont le frère, M. Joseph Lambert, l'un des plus riches planteurs de l'île Maurice, avait des relations suivies avec Madagascar et toute la côte orientale d'Afrique.

M. Henri Lambert commença par visiter la région au centre de laquelle il venait de se fixer, et principalement les villes et les territoires d'Hodeïdah, de Tadjourah et de Zeïlah.

Rivalité de Sharmaket et d'Ibrahim Aboubeker. — Dans cette dernière contrée, la ferme des douanes, mise en adjudication, avait été obtenue par un Arabe de ses amis, Aboubeker Ibrahim, le chef le plus important de la baie de Tadjourah. Mais un concurrent évincé, Sharmaket, jaloux de ce qu'il considérait commeune victoire et désireux de se venger, trouva moyen de faire mettre son rival aux fers et Aboubeker, malgré ses plaintes, malgré ses protestations, resta pendant plusieurs mois en prison.

Il y était encore le 5 février 1858, lorsque, le commandant Méquet étant venu à Aden, sur un brick de guerre avec lequel il se proposait de parcourir la mer Rouge, M. Lambert obtint de l'accompagner, le mit au courant de la situation et lui demanda de faire tous ses efforts pour obtenir la mise en liberté d'Aboubeker. M. Méquet, ayant consenti à lui prêter son concours, força le sultan d'Hodeïdah, non seulement à mettre Aboubeker en liberté, mais encore à lui rembourser cinq mille thalaris (environ vingt mille francs), dont celui-ci s'était indûment emparé.

Reconnaissance d'Aboubeker envers la France. — Aboubeker, reconnaissant, offrit alors ses services au commandant du navire français et lui proposa de céder à la France, moyennant la somme de dix mille thalaris, les territoires de Ras-Ali et d'Ouano (Obock).

A cette époque, l'Angleterre, déjà installée à Aden et prévoyant le jour où le canal de Suez serait ouvert, venait de s'emparer de l'îlot de Périm.

Mission du capitaine Russel. — Le ministre de l'Algérie et des colonies, lorsqu'il eut connaissance de la proposition d'Aboubeker, — laquelle était suivie d'une demande de Ngoussié, roi du Tigré, qui sollicitait notre protectorat, — envoya le capitaine de frégate Russel dans la mer Rouge pour explorer le littoral africain et examiner les avantages politiques, commerciaux et maritimes que pouvait présenter la partie de la côte qu'on offrait de nous céder.

ASSASSINAT DE M. LAMBERT. — Malheureusement, quelques semaines plus tard, le 4 juin 1859, M. Henri Lambert, qui avait entrepris un voyage à Tadjourah, fut assassiné dans le canal qui sépare les îles Mouscha du cap Jibouti par les matelots de l'équipage de son boutre, le *Natchery*.

LE COMMANDANT FLEURIOT DE LANGLE. — Le gouvernement français résolut, en cette circonstance, d'agir avec énergie et envoya dans la mer Rouge le capitaine de vaisseau Fleuriot de Langle, commandant la division navale des côtes occidentales d'Afrique (janvier 1861). Le commandant de Langle sut trouver et prendre les assassins, qui furent envoyés à Constantinople, où ils furent condamnés par les tribunaux musulmans. Mais, à cette occasion, M. Fleuriot de Langle avait renoué avec Ibrahim Aboubeker les relations interrompues depuis la mort de notre agent à Aden ; il en profita pour étudier avec soin tout le golfe qui s'étend du Ras-Bir à Zeïlah et ramena avec lui en France, à bord de la corvette la *Somme*, muni des pouvoirs les plus étendus, le gouverneur de Zeïlah, Dini-Ahmet Aboubeker, cousin du sultan de Tadjourah et ami de M. Lambert.

VOYAGE DE DINI-AHMET A PARIS ; TRAITÉ DU 11 MARS 1862. — Les propositions de cet envoyé ayant été acceptées, une convention, conclue à Paris le 11 mars 1862, entre Dini-Ahmed et M. Thouvenel, ministre des affaires étrangères, nous assura, moyennant la somme de dix mille thalaris, la possession des port, rade et mouillage d'Obock, avec le territoire qui s'étend depuis le Ras-Doumeïrah, au nord, jusqu'au Ras-Ali, au sud.

De plus, en ce qui concernait les autres points de leurs territoires, les chefs Danakil s'engageaient, solidairement ou isolément, à repousser toute proposition faite par un gouvernement étranger et n'ayant pas été agréée par la France. Enfin il était entendu que, si Obock était reconnu impropre à la création d'un port, il serait choisi sur la côte un autre point.

PRISE DE POSSESSION D'OBOCK. — La prise de possession eut lieu le 20 mai 1862 ; le pavillon national fut hissé, et un procès-verbal rédigé en présence des principaux chefs de la contrée et des deux envoyés français : MM. Buret, capitaine de frégate, et Schefer, premier secrétaire interprète.

A partir de cette époque, les navires de notre marine de guerre visitèrent Obock assez fréquemment. Mais les événements qui se succédèrent de 1866 à 1871, empêchèrent le gouvernement de porter son attention sur notre nouvelle colonie, et ce n'est qu'en 1872 que fut faite la première demande de concession; plus tard, en 1878 et 1879, de nouvelles demandes furent présentées.

LE PAVILLON ÉGYPTIEN INDUMENT HISSÉ SUR NOTRE TERRITOIRE. — Dans les premiers mois de l'année 1881, il se passa à Obock ce qui devait avoir lieu trois ou quatre ans plus tard, à l'instigation d'un fonctionnaire turc trop zélé, sur notre territoire de Cheik-Saïd. Le pavillon égyptien fut indûment hissé près du Ras-Bir et le gouvernement français protesta auprès du khédive; celui-ci ordonna une enquête, apprit que cette irrégularité était due à l'initiative d'un agent ignorant et donna des ordres pour qu'une pareille tentative ne fût pas renouvelée.

LES PREMIERS COLONS. — Depuis lors, des concessions ont été accordées à plusieurs de nos compatriotes, sans qu'il pût toutefois leur être assuré qu'un service maritime régulier desservirait un jour ou l'autre la colonie. Mais les bâtiments de guerre de notre marine s'y succédaient à peu près régulièrement, et tous les commandants se montraient favorables à l'établissement d'une administration locale.

MOTIFS DE LA CRÉATION DU PORT D'OBOCK. — Ce n'est qu'en 1883 que la France dut songer à tirer parti de cette possession. Elle semblait être à la veille de déclarer la guerre à la Chine, et l'Angleterre, sous prétexte de neutralité, lui fit fermer à l'avance ses ports d'Aden et de Hong-Kong. Il était donc indispensable que notre marine eût entre Süez et Saïgon un point de refuge et de ravitaillement.

MISSION DU COMMANDANT CONNEAU ET DE M. LAGARDE. — Au mois de janvier 1881, le capitaine de frégate Conneau, commandant l'aviso l'*Infernet*, et M. Lagarde, commandant de cercle au Sénégal, furent envoyés à Obock avec mission de délimiter d'une manière exacte le territoire de la colonie; on y décidait en même temps la création d'un dépôt de charbon.

Mais on s'aperçut bien vite que, réduit aux limites du traité de 1862, ce territoire n'avait aucun avenir commercial, et qu'en outre on était encore tributaire des Anglais, puisqu'il fallait se ravitailler sur la côte Somali, soumise à leur influence.

ANNEXION DE TADJOURAH ET DES TERRITOIRES VOISINS; CESSION DES ILES MOUSCHA. — M. Lagarde, nommé commandant d'Obock, put amener les principaux chefs des pays voisins à solliciter notre protectorat, et, en 1885, ce protectorat était accordé aux territoires de Tadjourah, d'Ambabo, de Sagallo et du Gubbet-Kharab.

Un peu plus tard, le gouvernement français fit occuper un point de la côte somali, Dongaretta, situé entre Zeïlah et Berberah, villes dépendant du khédive d'Égypte et occupées en ce moment par les Anglais; alors ceux-ci, craignant d'être gênés un jour dans leurs communications entre les deux villes, offrirent à la France de lui céder, en échange de l'évacuation de Dongaretta, les îles Mouscha, qui commandent le golfe de Tadjourah, et leur proposition fut acceptée.

CESSION DU RAS-JIBOUTI ET TRAITÉS AVEC LES TRIBUS DE L'INTÉRIEUR. — Enfin, au commencement de 1888, la France prenait possession du Ras-Jibouti, point extrême de la côte méridionale du golfe d'Obock, et un arrangement intervenait entre la France et l'Angleterre, pour déterminer la zone d'action de ces deux puissances sur cette partie de la côte Somali. Par suite de cet accord, la ligne de démarcation séparant les zones d'action anglaise et française part d'un point de la côte situé à l'est de Jibouti, et vient aboutir à Harrar en passant par Alassouën, Bir-Calouba et Gildessa.

En outre, divers traités nous lient également à certains chefs des tribus de l'intérieur, et la domination de la France, que l'on pensait devoir se réduire à un maigre territoire contenant un simple dépôt de charbon, s'étend aujourd'hui sur une région de plus de cent vingt mille kilomètres carrés.

---

Mosquée de Tadjourah.

## CHAPITRE II

## Description géographique et ethnographique.

Premier aspect du territoire d'Obock. — Le port d'Obock. — Aspect général de la contrée. — Le Gubbet-Kharab. — Le Bahr-Assal. — Constitution géologique du pays. — Régime des eaux. — Faune et flore. — Population de la colonie d'Obock. — Les Danakil : mœurs, coutumes, vêtements et nourriture. — Les Somalis : coutumes, usages, nourriture et vêtements. — Les Gallas : vêtements, habitations, coutumes, religion.

PREMIER ASPECT DU TERRITOIRE D'OBOCK. — Lorsqu'on a dépassé l'île Périm et franchi le détroit de Bab-el-Mandeb, on aperçoit au loin la rade d'Obock, entourée d'un pays aride, désolé, formé d'immenses plateaux bornés vers l'ouest par une chaîne de hautes montagnes dont la silhouette se détache au loin sur un ciel du bleu le plus pur; sur les versants de ces plateaux, sont de petits bouquets d'arbres, plus ou moins verts suivant la saison. Malgré cette aridité apparente, le pays offre cependant un aspect tout différent de la côte d'Arabie qui, avec ses plaines de sable et ses pics élevés, sans aucune trace de végétation, attriste la vue et serre le cœur.

Après le Ras-Bir, on est en face d'Obock et on aperçoit une vallée immense, dite *Vallée d'Obock* ou *Vallée des Jardins*, en partie cachée aux regards par une ligne de palétuviers qui bordent la côte, laquelle est basse, sablonneuse, vaseuse même en certains endroits.

De chaque côté de cette vallée, couverte d'arbres assez élevés, et verdoyants pendant la saison fraîche, se trouvent deux plateaux : au nord (ou à droite) *le plateau des Sources*, au sud (ou à gauche) *le plateau des Gazelles*. C'est sur le plateau des Sources que s'élèvent la factorerie Mesnier et le pénitencier (ancienne tour Soleillet); sur le plateau des Gazelles, ont été placés les établissements du gouvernement, suite de maisons blanches à tuiles rouges qu'on voit d'assez loin et qui forment un contraste singulier avec les cases du village indigène, situées un peu en contre-bas.

Le port d'Obock. — Du cap Obock (à l'extrémité est du plateau des Gazelles) à la pointe sud du *plateau des Aigles* [1], on compte trois bancs de coraux qui ferment la rade en décrivant un assez grand arc de cercle.

Le banc que domine le cap Obock porte le nom de *banc du La Clocheterie*, en souvenir du croiseur français venu en 1881 dans la colonie. Le banc situé au centre de l'arc de cercle est le *banc du Surcouf*, ainsi nommé en mémoire d'un autre bâtiment français dont le commandant, M. Salmon, dressa en 1864, le premier plan du mouillage d'Obock. Enfin, au-dessus du plateau des Aigles, falaise madréporique qui domine la mer d'une vingtaine de mètres, presque à pic, est le *banc du Curieux* [2].

1. A l'est du plateau des Pasteurs.

2. Le *Curieux* est un aviso de la marine française qui fut envoyé en 1862 à Obock pour y conduire les représentants du gouverne-

Ces trois bancs forment un port intérieur divisé en deux parties par deux autres bancs appelés : le plus proche du rivage, le *banc du Bisson* (nom d'un navire français venu en 1880), et le plus éloigné, le *banc des Perles*, ainsi nommé, à cause de la découverte, par des indigènes, de quelques peres sans grande valeur.

La rade se compose ainsi de deux parties distinctes : la première, *le port du Nord-Est*, comprend sous le plateau des Aigles, *l'anse Buret* et, sous le *plateau des Pasteurs* (situé entre le plateau des Sources et celui des Aigles), l'anse des Pêcheurs ; on parvient à ce port en franchissant, entre le banc du Curieux et celui du Surcouf, la passe de l'*Est*, qui n'a que 8 mètres d'eau. Celle-ci, ainsi qu'une autre qui joint les deux parties de la rade (entre les bancs des Perles et du Surcouf), est encore impraticable aux grands navires et le port ne peut malgré sa profondeur (de 9 à 18 mètres), recevoir jusqu'ici que des navires de petite dimension ; le *port du Sud*, plus vaste et beaucoup plus commode, est fréquenté par les paquebots français et les bâtiments de guerre, qui franchissent la passe du Sud (profonde de 50 mètres et large de 600 mètres) au moyen des bouées-balises des bancs du Surcouf et du La Clocheterie[1].

Deux feux rouges établis, l'un sur la tour Soleillet, l'autre sur la falaise du cap Obock, indiquent la route à suivre pour entrer ou sortir ; un secteur vert, au second de ces phares, indique la zone du mouillage [2].

Enfin, tout récemment, au Ras-Bir, on a installé sur une tour en maçonnerie un feu blanc fixe de 16 à 17 milles de portée.

ment, MM. Buret, capitaine de frégate, et Schefer, secrétaire interprète, chargés de prendre possession de la côte qui nous avait été concédée.

1. La profondeur de ce port varie entre 10 et 40 mètres ; sa superficie est de 100 hectares.

2. Le service du pilotage est assuré par un pilote major, qui est en même temps capitaine de port, et par un pilote ordinaire.

Aspect général de la Contrée. — On a vu plus haut que le pays était formé de vastes plateaux sablonneux limités vers l'ouest par des collines assez élevées. Cette ligne de plateaux et de collines qui commence au Ras-Doumeirah pour finir un peu après Zeïlah, abrite parfaitement la rade d'Obock des vents du nord et du nord-ouest, et le golfe de Tadjourah, des vents qui viennent de l'ouest.

A quelques kilomètres dans l'intérieur apparaît un second étage de montagnes parsemées çà et là de pics assez élevés dont le principal, le Goudah, atteint 1,675 mètres. La chaîne s'avance même assez près de la mer, sur laquelle elle surplombe, et cet endroit a pris le nom de Falaise-Table (Table Cliff). Entre Falaise-Table et le Ras-Séjarn (également appelé Ras-Siane, dans le pays), la côte est bordée par des récifs, puis par une ceinture de petites îles nommées Djezirah-Soba (archipel des Frères).

Les plateaux, qui forment en grande partie toute la contrée, sont entrecoupés de ravins ou de vallées, où se trouvent des lits de torrents, qui ne roulent leurs eaux qu'à l'époque des grandes pluies.

Après Obock, la côte se dirige du nord au sud-ouest puis au Ras-Douan, elle s'incline davantage à l'ouest vers Tadjourah ; elle reprend ensuite sa direction primitive jusqu'au fond du golfe où se trouve le Gubbet-Kharab. A partir de ce point, elle tourne vers l'est, jusqu'au Ras-Jibouti, puis vers le sud-est jusqu'à Zeïlah.

Le Gubbet-Kharab. — Entouré de hautes montagnes volcaniques sans aucune trace de végétation, le *Gubbet-Kharab* est une vaste baie de 13 milles de long sur 6 milles de large, qui communique avec la mer au fond du golfe de Tadjourah par un détroit de 1300 à 1400 mètres de large. Ce détroit est coupé en deux parties par un îlot rocheux d'une douzaine de mètres de hauteur, appelé l'îlot de Bab; des deux passes ainsi formées, la meilleure est celle du nord, moins large mais plus profonde que celle du sud.

Quant au Gubbet-Kharab même, il ne contient qu'un ou deux mouillages pour les bâtiments d'un faible tonnage, malgré sa grande profondeur qui n'est pas moindre de 190 mètres et atteint même 300 et 400 mètres.

LE BAHR-ASSAL. — A quelques kilomètres au nord-ouest du Gubbet-Kharab, se trouve un lac appelé le *Bahr-Assal* (ou Lac salé), et affectant la forme d'un ovale allongé du nord-est au sud-ouest. Il est large d'environ 4 à 5000 mètres et long de 8 à 10 kilomètres.

Le sel, qui se dépose sur ses bords, est l'objet d'un commerce important avec l'Abyssinie, et les chefs du pays, qui en tirent de grands revenus, se sont toujours montrés très jaloux de la propriété du Bahr-Assal.

CONSTITUTION GÉOLOGIQUE DU PAYS. — Tout le territoire d'Obock — colonie proprement dite et pays protégés — appartient essentiellement à la région saharienne et a par conséquent une grande analogie avec le Sahara algérien et tunisien.

La principale chaîne montagneuse du pays est, ainsi que ses contreforts, exclusivement formée de roches volcaniques, c'est-à-dire des trachytes, des domites, des basaltes, des dolérites et des laves [1].

D'après M. Aubry, ingénieur des mines, les plateaux situés entre cette chaîne et la mer appartiennent à l'époque quaternaire et paraissent provenir du soulèvement d'un rivage fort ancien. Cette hypothèse est également partagée par le docteur Faurot, qui a parcouru toutes ces contrées. Sous une mince couche de sable, chargée d'efflorescences de sel, se trouve une roche calcaire où domine le carbonate de chaux, mais où le gypse (sulfate de chaux), le sulfate et le carbonate de magnésie, ainsi que le sel marin (chlorure de sodium) apparaissent en maints endroits. Ces terrains contiennent des échinodermes, des foraminifères et de

1. Voir, au chapitre IV de ce fascicule, la valeur généralement admise de cette sorte de terrains au point de vue agricole.

nombreuses coquilles appartenant à des espèces qu'on trouve actuellement au fond de l'Océan. Enfin, il y a dans ces terrains une certaine quantité de sels de potasse ou de soude et, au-dessous du calcaire, une couche d'argile très fine, parfois schisteuse, recouvrant des couches alternatives de marne à veines bleues et verdâtres et d'argile.

RÉGIME DES EAUX. — Outre quelques torrents qui sont presque toujours à sec et ne roulent leurs eaux qu'au moment des grandes pluies, il y a dans la contrée deux lits de rivière, qui deviennent des cours d'eau pendant l'hivernage et qui ont été appelés, l'un, la *rivière d'Obock,* l'autre, la *Tella.*

Heureusement il existe, à une profondeur variant entre 1m 50 et 4 mètres, une nappe d'eau qui alimente tous les puits creusés dans la vallée des Jardins, puits dont l'eau est saumâtre à cause des infiltrations de la mer, mais suffit aux animaux domestiques. Il est fort probable d'ailleurs que, vu la nature du terrain, on obtiendrait, en creusant à une plus grande profondeur, de meilleurs résultats, non seulement au point de vue de la qualité de l'eau, mais aussi au point de vue de la quantité[1].

1. L'expérience a été tentée, en ces dernières années, dans une contrée qui offre avec Obock une analogie curieuse; c'est le nord de la province de l'Arad, dans le Sahara tunisien, non loin de Gabès. Une Compagnie française a fait creuser, sur les bords de la petite rivière de l'Oued-Melah, plusieurs puits artésiens. Le premier, placé à peu de distance de la mer, a rencontré, à environ 8 mètres de profondeur, une eau saumâtre semblable à celle d'Obock. Les autres, placés à des points distants de 1,200 à 1,800 mètres du rivage et à des hauteurs variant entre 8 et 24 au-dessus du niveau de la mer, ont également rencontré plusieurs nappes dont l'eau devenait de moins en moins saumâtre au fur et à mesure que la sonde s'enfonçait. La dernière de ces nappes a donné une eau fort bonne, légèrement chargée de magnésie, mais très potable et employée depuis quatre ans par les agents et colons de la Compagnie. La profondeur de cette couche varie entre 57 et 90 mètres au-dessous du niveau du sol, c'est-à-dire à 6 ou 8 mètres au-dessus du niveau de la mer.

Faune et flore.—Obock a également une faune et une flore sahariennes. Les ânes sauvages, les gazelles, les outardes s'y rencontrent en quantité : les autruches, assez nombreuses, sont difficiles à joindre. Les bêtes féroces ou nuisibles sont les mêmes que dans le Sahara algérien et tunisien : le guépard (assez rare), le chat sauvage, la vipère commune, la grande vipère, le scorpion, le chacal et l'hyène. Enfin, comme animaux domestiques, on y trouve, sauf le cheval, les mêmes animaux que dans le Sahara : le chameau, l'âne, la chèvre et le mouton; il y a aussi des bœufs, mais surtout dans l'intérieur.

La végétation est rare et clairsemée. L'arbre le plus fréquent est le mimosa aux formes bizarres, dont le feuillage court (le *kabata*) sert à alimenter les troupeaux. Sur la côte, au bord de la mer, il y a des bouquets de palétuviers; dans les vallées, des genêts et des euphorbes. Enfin, sur certains plateaux, pousse une sorte de chiendent, appelé *hachich* par les indigènes, qui en nourrissent leurs animaux domestiques durant la mauvaise saison. En dehors de ces quelques arbres, tous les autres végétaux de la colonie ont été importés et acclimatés.

Population de la Colonie. — Les populations soumises à notre domination appartiennent à trois races bien distinctes ;

Les Danakil, — les Somalis, — les Gallas.

Le territoire occupé par les Danakil commence à la baie d'Adulis, longe les montagnes de l'Éthiopie à l'ouest et la côte à l'est, puis finit à peu près au Gubbet-Kharab, au plateau de Doulloul et aux mines de soufre du Choa.

Du Gubbet-Kharab au cap Guardaful, tout le long de la côte, vivent les Somalis (ou Somal); enfin, au sud des Somalis, principalement vers Harrar, vivent les Gallas.

Les Danakil.— Les Danakil se divisent en deux groupes : ceux du nord, les *Chohos* et les *Hazortas* et ceux du centre[1].

1. De même que nos indigènes de l'Algérie, ces groupes se sub-

Les Danakil sont essentiellement pasteurs et par consé-

divisent à leur tour en tribus, en douars et en familles. Nous donnons ici les principales de ces subdivisions.

Les Danakil forment sept tribus, qui sont : les *Asmila*, les *Assobas*, les *Madima* et les *Takyil*, administrés par le chef Bourhane-Abdou, les *Ab-Ammila*, les *Aden-Sara* et les *Bédoui-tamila*, administrés par le chef Mohamed-Ali.

Ce dernier administre, en outre, les *Guémisso* et les *Abita*, qui font partie des Ab-Ammila, mais habitent sur un territoire un peu plus éloigné.

Quant aux fractions les plus importantes de ces tribus, elles portent les noms suivants :

Tribu des Asmila (habitant Latella) : les *Aat-Asmila* et les *As-Asmila*.

Tribu des Assobas (habitant Mabla) : les *Amaralito*, les *Badri-chikto*, les *Katouha*, les *Omarguaba* et les *Omartou*.

Tribu des Madina (habitant Guardarasso) : les *Aat-Alito*, les *Ali-Ouatal* et les *Mognamaley*.

Tribu des Takyil (habitant Obock) : les *Gaudily-Takyil*, les *Guibabi*, les *Hayou-Takyil*, les *Mondo-Takyil* et les *Schim-Sara*.

Tribu des Ab-Ammila (habitant Angar) : les *Hamado* et les *Kamilto*.

Tribu des Aden-Sara (habitant Guattaré) : les *Ashalé* et les *Hoboïta*.

Tribu des Bédoui-tamila ; les *Afada* (habitant l'Adegueno), les *Aïtoura* et les *Ederkalto* (le Yuéma) ; les *Ali-Sarra*, les *Harmilto*, les *Oursanina*, et les *Gaassera* (le Doubyia) ; les *Assalboura* (l'Asboul) ; les *Bédouita-boura* (le Bédouita) ; les *Guédelé* (le Guémi), les *Haisso* (le Moulhoulay) ; les *Kourha* (l'Aéta) ; les *Oulid* (l'Ourirasso); les *Yas-Odom* (le Gunta) et les *Yokos* (le Sonyali).

Le territoire de Tadjourah, placé sous le protectorat de la France, comprend en deux tribus principales : 1° les *Adaïl*, administrés par le sultan de Tadjourah lui-même et divisés en huit fractions appelées les *Aéro-Hasso*, les *Abli*, les *Adlito*, les *Chika*, les *Daba-Adali*, les *Darhouma*, les *Garaisso* et les *Guaronni* ; 2° une partie des *Assobas*, administrée par Omar-Bourhane-Bey et divisée en trois fractions : les *Audiyassara*, les *Cheick-Arbahinto* et les *Yiakoubto*. — Enfin le sultan Loïtah administre le territoire, sur lequel vivent toutes les tribus Débéneh, Uémas, etc., depuis Beïlloul jusqu'à Faré.

Chacune des fractions est administrée directement par un chef secondaire et, dans la tribu, les dignités de sultan et de vizir sont héréditaires, mais elles alternent entre elles. Ainsi le vizir suc-

quent nomades; ils n'ont donc pas d'habitation fixe et changent de résidence suivant la saison et les besoins de leurs troupeaux.

En quelques heures, ils construisent, avec des branchages et des nattes, des huttes plus ou moinsvastes, selon l'importance de leur famille, et tellement basses qu'il est impossible de s'y tenir debout.

Ils sont tous musulmans, mais nullement fanatiques; on dit même qu'ils manquent d'enthousiasme pour cette religion, et certains voyageurs rapportent qu'une partie des tribus qui confinent au plateau abyssin sont chrétiennes, au moins pour les pratiques extérieures.

Bourhane-Abdou, chef des Assobas.

Les Danakil ont la taille élevée, la peau noire, un peu terne, des traits farouches, maisréguliers, des cheveux frisés, ondulés chez quelques-uns, lisses chez d'autres, mais généralement longs sans dépasser le haut de la nuque et couverts d'une couche de graisse ou de beurre.

Leur vêtement consiste en une pièce d'étoffe, appelée *taube*, serrée autour des reins et descendant à la hauteur des genoux [1]; leur chaussure se compose d'une paire de

cède au sultan décédé tandis que l'héritier de ce sultan devient vizir et remplacera à son tour le nouveau sultan, lorsque celui-ci mourra.

1. Parfois un second taube recouvre les épaules.

sandales en cuir de bœuf qu'on leur voit plus souvent à la main qu'aux pieds.

Quant aux femmes, elles portent une sorte de pagne en peau tannée ou en cotonnade et une espèce de camisole en cotonnade bleue. Leurs cheveux, divisés en une multitude de petites tresses, au bout desquelles pend un ornement en perles ou en verroterie, sont graissés comme ceux des hommes. Les femmes mariées ont seules un voile en étoffe bleue, qu'elles laissent retomber sur le front. En outre, aux oreilles, aux bras, aux chevilles, elles portent de lourds bijoux en cuivre et, au cou, des colliers en coquillages ou en perles de verre coloré.

Elles sont traitées par leurs maris comme de véritables bêtes de somme; elles vont chercher l'eau, le bois, préparent la nourriture et fabriquent des nattes et des paniers, tandis que les hommes vont à la chasse, conduisent les troupeaux, font la guerre et se livrent à de longs *kalams* avec leurs amis [1].

Les Danakil vivent du lait de leurs troupeaux et de galettes de *dourah* lorsqu'ils peuvent s'en procurer [2]. Sur le littoral, ils y ajoutent du riz et du poisson grillé. Enfin, à l'occasion des grandes cérémonies, telles que : funérailles, mariages ou fêtes quelconques, ils mangent aussi de la viande de chèvre ou de mouton.

Leur arme principale est une lance en forme de javelot à pointe acérée, muni d'un bois de 1m,50 à 2 mètres de long et garni à son extrémité inférieure d'un morceau de fer assez pesant qui sert de contrepoids. Ils ont aussi un

1. Le *kalam* est une causerie ou discussion interminable; c'est le *palabre* des tribus de l'Afrique occidentale.

2. La galette de *dourah*, que tous ceux qui ont voyagé dans le Sahara reconnaîtront facilement, est une sorte de pain grossier fait avec de la farine de gros mil qui porte dans le pays le nom de dourah. Sur le bord de la mer, les indigènes font parfois cette galette avec du froment.

couteau à lame courbe, renfermé dans une gaine de peau et un bouclier en cuir très épais.

Méfiants, soupçonneux, traîtres et sanguinaires, les Danakil mettent un certain amour-propre à commettre des meurtres; ils ont alors le droit de porter une plume d'autruche blanche ou noire, selon l'importance des victimes [1]. Cette passion du meurtre est telle que tout étranger risque d'être assassiné, à moins qu'il ne soit lié d'amitié avec les membres d'une tribu, auquel cas il devient généralement sacré pour tous.

La langue *dankali* est la langue *afar*, sorte d'idiome éthiopien sans écriture [2]; cependant les indigènes qui habitent la côte parlent aussi la langue arabe, mais quelques chefs seuls savent l'écrire [3].

Les Somalis. — Les Somalis sont divisés en plusieurs grandes tribus, subdivisées elles-mêmes comme celles des Danakil en tribus et celles-ci en familles [4]. Les chefs portent le nom d'*Ougasse* et leurs fonctions sont héréditaires.

1. Elle est blanche si la victime est un chef indigène ou un Européen. Ajoutons que les Danakil qui vivent auprès d'Obock ou de Tadjourah ne se risqueraient pas à commettre des meurtres qui seraient vite réprimés.

2. Dankali est le singulier de Danakil; on dit un Dankali et des Danakil, comme on dit un Targui, des Touareg.

3. Il n'existe qu'un seul ouvrage qui traite de la langue *afar*, c'est un dictionnaire publié à Londres, en 1840, par le révérend C.-W. Isenberg.

4. Les grandes tribus sont les *Issas*, les *Gadi-Boursis*, ennemis des Issas, et les *Aber-Arval*. La tribu des Issas, la plus importante et la plus considérable de toutes, est soumise entièrement à notre influence; elle comprend un grand nombre de tribus parmi lesquelles on peut citer celles des *Abgab*, des *Ouerdicke* et des *Douloul*, dont les subdivisions sont les suivantes :

*Abgab* . . .
- *Ras-Moussa* . .
  - *Saad-Moussa* (4 familles).
  - *Jonès-Moussa* (5 familles).
- *Mammasani* (5 familles).

*Ouerdicke* (3 familles).

*Douloul* (9 familles).

Ce sont de beaux hommes à peau noire, moins foncée que celle des Danakil et parfois même olivâtre ou cuivrée. Leurs traits sont réguliers et leur physionomie respire l'audace et le courage.

Leurs cheveux, qui sont plus laineux que ceux des Danakil, sont souvent décolorés au moyen d'un mélange de chaux et de graisse, qui se durcit et forme une sorte de carapace, laquelle une fois brisée laisse apparaître des cheveux de couleur rougeâtre.

Les femmes sont assez jolies; elles portent sur l'épaule une sorte de péplum et, autour des reins, des jupons de cuir ou d'étoffe blanche ou teinte et drapés avec une certaine grâce. Leurs cheveux tressés comme ceux des femmes Danakil laissent le front complètement découvert. Le vêtement des hommes est celui des Danakil.

Les armes sont aussi les mêmes; la largeur de la lame du couteau varie un peu; mais celui-ci est droit et le bouclier très petit.

Les Somalis sont également guerriers et pasteurs; mais ceux de la côte sont surtout marins et excellent dans leur profession : quelques-uns font du commerce; tous sont des conducteurs de caravanes fort estimés. Leur pays, tout différent de celui des Danakil, offre de grandes ressources; les pâturages y sont abondants, les troupeaux plus nombreux et mieux soignés.

C'est d'ailleurs de la côte somali que les Italiens, établis dans les pays d'Assab et de Massouah, qui ne produisent presque rien, tirent leurs approvisionnements. Enfin Obock et Aden font venir de la même région les bestiaux nécessaires à leur consommation.

Les Gallas. — Complétons cette description en disant quelques mots des Gallas, dont plusieurs tribus se trouvent placés sur le territoire soumis à notre influence.

Cette race, quoiqu'elle soit l'une des plus considérables de l'Afrique, est encore peu connue, car son territoire, plus grand que celui de la France, a été à peine exploré.

Les Gallas ont la peau brune — de teinte foncée chez les hommes, de teinte claire chez les femmes[1] — la taille moyenne, les traits réguliers, le regard clair et franc. Ils portent une toge semblable à celle des Abyssins, sont armés d'une lance, d'un couteau à double tranchant et d'un bouclier; ils habitent, comme les Éthiopiens, des demeures formées de cercles de pierres brutes, couvertes de toits coniques en herbes ou en roseaux, et placées à l'ombre de grands arbres.

Ils sont en général polyglottes, très intelligents et font des cultivateurs de premier ordre. Ils sont fétichistes et monogames, mais certaines de leurs tribus, telles que les *Sidamas,* sont presque entièrement chrétiennes.

C'est principalement à l'aide des populations somalis et gallas que nous pourrons tirer un parti avantageux de notre situation dans les contrées d'Obock et de Ras-Jibouti et c'est de ce côté surtout que nous devons chercher à étendre notre influence.

1. C'est à cause de cette blancheur relative (à côté de populations noires) que les Jésuites missionnaires leur ont donné jadis le nom de Gallas qui vient du mot grec *gala*, lait.

OBOCK. — Quartier indigène.

# CHAPITRE III

## Administration

Divisions principales de la colonie. — Territoire d'Obock. — Pays de protectorat. — Superficie et population. — Organisation administrative de la colonie. — Obock : les établissements européens. — Le village indigène. — Tadjourah. — Ambabo, Doulloul, Sukti, Sagallo, Darkellé et Ouardelissan. — Vie de l'Européen à Obock. — Transportés hindous. — Les moyens de défense et la garnison.

DIVISIONS PRINCIPALES DE LA COLONIE ; TERRITOIRE D'OBOCK. — La colonie d'Obock se divise en deux parties bien distinctes :

1° la colonie proprement dite, ou territoire d'Obock ;

2° les pays de protectorat.

Sur la côte, la colonie proprement dite est limitée, au nord, par le Ras-Doumeirah, sur la mer Rouge, et la rivière de Raheita — et, au sud, par le Ras-Ali, à 4 kilomètres à l'est de Tadjourah. De ce territoire dépendent l'île Doumeirah (près du cap du même nom), les Djezira-Soba, situées près du cap Séjarn, et les îles Moussah.

PAYS DE PROTECTORAT. — Les pays de protectorat partent, sur la côte, du Ras-Ali, comprennent Tadjourah, Ambabo, Doulloul, Sukki, Sagallo, le Gubbet-Kharab, le Ras-Jibouti, et s'arrêtent aux puits de Lehadou, à peu de distance et à l'est de Jibouti, dans la direction de Zeïlah, ville appartenant à l'Égypte et occupée en ce moment par les Anglais.

A l'intérieur, notre protectorat s'étend dans le pays Somali, jusqu'au Harrar et dans les pays Gallas, — vers l'ouest, dans le pays dankali, jusqu'à la frontière du Choa, à l'endroit même où la rivière Haouach, qui coule jusque-là de l'ouest à l'est, tourne brusquement vers le nord, dans la direction des mines de soufre. Du côté du nord et du nord-ouest, notre influence s'étend tout le long de l'Haouach, sur le Dében, la partie orientale et méridionale du Mudaito, de la vallée de Gafou, aux monts Ouéhéma.

SUPERFICIE ET POPULATION. — La superficie totale de la contrée soumise ainsi, par traités, à la domination de la France, est de plus de 120.000 kilomètres carrés.

Quant à la population, assez rare sur la côte, elle devient de plus en plus dense vers l'intérieur, mais quoique l'on ait estimé qu'elle devait s'élever à deux cent mille habitants environ, il a été impossible jusqu'à ce jour d'en faire un recensement quelconque.

ORGANISATION ADMINISTRATIVE DE LA COLONIE. — L'organisation de la colonie est naturellement toute récente. Jusqu'en 1886, elle était administrée par un commandant particulier; mais, depuis cette époque, elle a été placée sous l'autorité d'un gouverneur, assisté d'un nombre très restreint de fonctionnaires ou d'agents, dont le détail est le suivant :

*Cabinet du gouverneur* : 1 secrétaire et 2 interprètes, agents de renseignements.

*Affaires politiques* : 1 administrateur colonial.

*Service administratif :* 1 commis de marine.
*Commandement des troupes :* 1 lieutenant des troupes de la marine.
*Trésor :* 1 trésorier-payeur.
*Service de santé :* 1 médecin de 1re classe et 1 médecin de 2e classe.
*Travaux publics :* 1 conducteur des ponts et chaussées.
*Magasins :* 1 magasinier.
*Administration pénitentiaire :* 7 surveillants militaires.

Comme on le voit, ce personnel est aussi restreint que possible[1].

A part ce petit nombre de fonctionnaires et d'agents français, le gouverneur s'est appliqué surtout à se servir des indigènes. Jusqu'à présent cette méthode a donné de bons résultats; non seulement elle nous a attiré l'amitié des chefs que nous employons, mais elle nous a valu également la sympathie des chefs et des indigènes des tribus de l'intérieur, qui savent que plusieurs de leurs compatriotes remplissent des fonctions plus ou moins importantes pour le compte du gouvernement français. Ce système, qui est employé au Congo comme à Obock, a l'avantage de développer notre influence en nous conciliant les indigènes et d'éviter les dépenses d'occupation que nécessitent le personnel civil et les troupes.

OBOCK : LES ÉTABLISSEMENTS EUROPÉENS. — Le chef-lieu de la colonie est Obock qui, loin d'être une ville, est un petit village composé presque exclusivement d'indigènes et surtout un centre administratif servant en même temps de lieu de ravitaillement[2].

1. Le service judiciaire a été organisé par un décret du 2 septembre 1887, qui a créé à Obock une justice à compétence étendue; les fonctions de juge de paix sont remplies par le chef du service administratif et, à son défaut, par un officier ou fonctionnaire désigné par le gouverneur. Le décret de 1887 a été complété par un autre, en date du 22 juin 1889.

2. Au point de vue géographique, Obock est située par 11° 57' de latitude nord et 41° de longitude est.

Les établissements français sont divisés en deux groupes bien distincts. Les uns, ceux du gouvernement, sont installés au cap Obock, sur le plateau des Gazelles; les autres, sur le plateau des Sources, de l'autre côté de la vallée des Jardins.

Les établissements du gouvernement comprennent: la maison du gouverneur et ses dépendances, faisant face à la rade; puis, plus loin de la mer, les logements du personnel, les casernes, l'hôpital, les magasins et enfin le mess des officiers et fonctionnaires. Ces établissements sont bordés, au sud et à l'est, par la mer, au nord et à l'ouest, par un fossé assez profond pour les protéger à l'occasion contre une surprise des indigènes.

Les habitations, qui ne sont pour la plupart que des baraques provisoires, sont en charpentes de fer envoyées de France et installées sur des piliers en maçonnerie. Les murs sont en brique, le toit en tuiles rouges; les autres baraques sont en bois. Quant aux matériaux de construction, on les trouve dans le pays même; la chaux provient de la calcination de roches madréporiques, la pierre à bâtir, d'une roche calcaire assez commune, le mortier, d'une argile qu'on trouve partout, et le bois, de la forêt d'Angar, située à peu de distance dans l'intérieur.

Sur le plateau des Sources, en face de l'anse des Pêcheurs, se trouve la factorerie de la compagnie Mesnier, concessionnaire de la fourniture du charbon aux bâtiments de l'État et aux paquebots, et de celle des vivres aux fonctionnaires et aux troupes de la colonie. Cette factorerie, fort bien aménagée, a comme dépendance au bord de la mer un grand magasin avec lequel elle communique au moyen d'un petit chemin de fer Decauville.

A côté de cette factorerie est une vaste enceinte, au centre de laquelle s'élève la tour Soleillet qui mesure une douzaine de mètres de hauteur; c'est dans cette enceinte que se trouve installé le pénitencier, éloigné d'environ 2 kilomètres des habitations du gouvernement [1].

Sur le plateau des Gazelles est également établie une mission catholique, qui se compose de deux habitations en maçonnerie; l'une est destinée aux pères, qui apprennent la langue française aux enfants indigènes et aux jeunes esclaves libérés; l'autre, plus récente, est occupée par des sœurs, qui accomplissent la même tâche auprès des filles indigènes.

OBOCK : LE VILLAGE INDIGÈNE. — En 1884, au début de notre occupation, il n'existait aucun habitant à Obock; il y avait seulement à cette époque quelques abris provisoires construits par des Danakil, qui étaient venus en cet endroit pour faire paître leurs troupeaux.

Depuis lors, il s'est créé un village indigène qui comprend aujourd'hui deux quartiers principaux : le quartier arabe et le quartier dankali.

Au nord-est du plateau des Gazelles, sous les habitations du gouvernement et non loin de la vallée des Jardins, on remarque une dépression du terrain qui forme un petit vallon, puis se relève un peu avant le rivage; ce sont le plateau et le vallon des Chasseurs, placés en contre-bas et à quelques centaines de mètres des bâtiments de l'État.

Sur le plateau se trouve le quartier arabe, qui se compose d'une rue bordée dans toute sa longueur, de maisons en pierre ou en terre glaise, revêtues d'une couche de chaux. Il y avait en ces dernières années, au milieu de la rue, au centre du quartier, une énorme solive surmontée d'une planchette sur laquelle étaient apposées, lorsqu'elles

1. La tour a été construite en 1882 par le célèbre explorateur Paul Soleillet, auquel elle servait à la fois d'abri et d'observatoire. Elle a été ensuite utilisée par la société Godin qui, lors de sa liquidation, la céda au gouvernement avec l'enceinte où le pénitencier s'est établi. En 1885, cette tour s'affaissa; mais elle fut reconstruite et surmontée d'un des deux feux rouges dont l'alignement indique aux navires l'entrée de la passe du Sud.

paraissaient, les ordonnances du gouverneur; ces ordonnances sont aujourd'hui affichées à la porte du bâtiment qu'occupe ce dernier. Trois ou quatre petites rues transversales, allant de la voie principale à la mer, bordées de paillottes bien alignées et construites avec des branches du mimosa, des nattes de feuilles de palmier et de foin du pays, complètent cette partie du village indigène, où résident les marchands arabes et plusieurs commerçants européens (trois Français et cinq Grecs).

Sur la partie nord du plateau est le quartier dankali qui ne se compose que de paillottes et qui va être reporté un peu plus près du quartier arabe, car son emplacement actuel fait partie de la concession provisoire, accordée à la Compagnie des Messageries maritimes pour servir à l'installation de ses magasins, ateliers, chantiers ou entrepôts.

La population du village est très mélangée; les Arabes, les Somalis et les Danakil y dominent; viennent ensuite des Éthiopiens ou des Soudanais, qui sont pour la plupart miliciens ou agents de la police indigène, des Abyssins, des Gallas et quelques Indous; au total, 1.800 à 2.000 habitants.

L'animation est très grande dans le quartier arabe à certaines heures de la journée. Les marchands indigènes, mollement allongés sur leurs sièges, fument des narghilés tout en servant la clientèle; les bouchers, les marchands de poisson, les marchands de galette de dourah sont installés en pleine rue; les restaurants, aux heures de repas, vendent à la population des galettes, du poisson grillé, de la viande de mouton, du riz et du carry. Enfin les cafés, où l'on débite un liquide préparé avec de l'écorce de caféier ou de la pulpe de café réduite en poudre, sont encombrés d'une foule bruyante qui s'installe jusque dans la rue, accroupie ou couchée sur des sièges de bois tressés en corde de palmier, et qui fume également des narghilés, que chacun se passe et se repasse à tour de rôle.

De place en place, des groupes d'indigènes, invariablement composés de gens de même nationalité, Danakil, Gallas, Somalis, Abyssins, assis ou accroupis sur le sol, se livrent avec un plaisir infini à des *kalams* interminables[1].

Au milieu de tout ce monde circulent, pour surveiller et pour maintenir l'ordre, les Soudanais de la police indigène, vêtus d'un costume blanc, coiffés d'une toque de même couleur, tenant une baguette à la main et armés d'un sabre-baïonnette.

Campement de Danakil.

TADJOURAH. — Après Obock, le seul point un peu important est Tadjourah, située au bord de la mer, au centre du golfe qui porte son nom.

Dominée, à l'est, par un plateau rectangulaire qui n'est accessible que par l'un de ses petits côtés, et comprenant, outre les maisons en bois qui composent le village, le bâtiment de la douane et cinq mosquées d'un pur style

1. C'est sur ce plateau facile à défendre que les Égyptiens avaient autrefois élevé un fort habité aujourd'hui par les gardiens indigènes du pavillon français.

oriental, Tadjourah, vue du large, prend un aspect assez pittoresque et paraît plus peuplée qu'elle n'est en réalité [1].

C'est la tête de ligne d'une des principales routes de caravanes qui vont au Choa ou en Abyssinie. Elle est un peu moins fréquentée depuis que nous avons, par le Ras-Jibouti, une route plus courte et plus sûre. Les caravanes s'installent généralement à un kilomètre du village, sur un des massifs de palmiers-dattiers qui sont assez nombreux dans le pays.

La seule industrie du pays est la fabrication de nattes et de corbeilles en feuilles de palmier, tantôt blanches, tantôt peintes de couleurs éclatantes [2].

Le port de Tadjourah n'est pas bon; les petits navires peuvent seuls le fréquenter lorsque souffle le vent d'est; pendant la mousson du sud-ouest, il est dangereux de s'y aventurer.

C'est dans ce village que réside le sultan Hamed ben Mohamed qui a sous sa dépendance les Adaïl et une importante fraction des Assobas.

Autres centres de la colonie. — Quelques autres endroits de la contrée, qui n'ont pas une grande importance comme population, méritent cependant d'être signalés.

*Ambabo* (à 4 kilomètres sud-ouest de Tadjourah) est un petit hameau d'une trentaine de cases situé au milieu d'un bouquet de dattiers et environné d'un pays assez riant; on y trouve de l'eau douce en assez grande quantité et quelques pâturages. Ambabo est habité par une partie de la nombreuse famille d'Abou-Beker, l'ancien émir de Zeïlah. Plus loin, au sud-ouest sur la côte, sont *Doulloul* et *Sukti*, où les caravanes trouvent de l'eau.

A un mille et demi de Sukti, et toujours sur le littoral, est

1. La population est d'environ 2,000 habitants.

2. Ces corbeilles et ces nattes commencent à se vendre beaucoup aux passagers des différents paquebots.

le petit bourg de *Sagallo*, dernier point de la route des caravanes sur le bord de la mer. Sagallo est l'endroit le plus riant de la côte septentrionale du nord; malheureusement, par suite de la constitution marécageuse du terrain, il est assez malsain et ne comprend que quelques cases habitées par les Danakil. Au milieu d'un petit bois de palmiers, on y voit apparaître les restes d'un fortin en pierres [1].

Enfin, à quelque distance dans l'intérieur, se trouvent les petits centres de *Darkellé* et de *Ouardélissan* qui sont sur la route des caravanes et où l'on trouve de l'eau.

Vie de l'Européen a Obock. — Les Européens, fonctionnaires, agents, militaires ou négociants, résident presque tous à Obock, où leur existence est assez monotone.

Il n'y a guère, comme distractions, que la promenade au village ou dans la vallée des Jardins, la chasse, la pêche et enfin la lecture, qu'il est heureusement facile de varier, grâce à une bibliothèque assez importante installée dans une des salles du mess.

En général, les Européens qui viennent s'établir ou résider à Obock sont célibataires et il n'est venu jusqu'ici que huit européennes [2].

Au point de vue de la vie matérielle, les ressources sont encore assez restreintes. Les vivres qu'on peut facilement se procurer sont : la viande — chèvre, bœuf ou mouton — le poisson, les volailles, le lait, les œufs et le gibier — lièvres, outardes, perdrix, cailles et gazelles. Pendant la bonne saison on peut avoir des légumes frais, mais, durant tout le reste de l'année, surtout pendant la saison d'été, on fait usage de légumes conservés.

1. Le fortin de Sagallo a abrité pendant quelque temps quelques soldats français qu'on a retirés ensuite lorsque la garnison d'Obock a été réduite d'une compagnie à une demi-compagnie. C'est ce fortin qu'avait occupé le Cosaque Atchinof, lors de sa tentative sur Sagallo.

2. Les femmes de deux fonctionnaires, celles de deux négociants français et quatre religieuses.

Si on part pour l'intérieur, il faut emporter avec soi, comme dans le Sahara, tout ce dont on aura besoin, sauf le lait et la viande que l'on trouve partout. On se munira de boîtes de conserves et de galettes de dourah qui remplacent le pain.

Les transportés hindous. — On a vu plus haut qu'il existait sur le plateau des Sources un pénitencier. Cet établissement renferme environ une centaine de transportés d'origine hindoue condamnés pour actes de rébellion ou crimes de droit commun. La colonie a de cette façon une main-d'œuvre à bon marché qu'elle utilise pour les travaux de toutes sortes, constructions de bâtiments, voies de communications, etc. Elle pourra s'en servir pour essayer de créer des oasis dans l'intérieur, ainsi que pour exécuter les différentes améliorations dont il sera question plus loin et qui pourront contribuer en peu d'années au développement de la colonie.

Les moyens de défense et la garnison. — La garnison française d'Obock est peu importante et constitue la seule défense de la colonie. Il n'existe, d'ailleurs, aucun ouvrage de fortification dans le pays, et les fortins de Tadjourah et de Sagallo, ainsi que le fossé qui entoure, à Obock, les établissements du gouvernement, n'ont jamais eu d'autre but que de tenir les indigènes en respect.

Quant aux troupes, elles se composent d'une demi-compagnie d'infanterie et de quelques canonniers, placés sous les ordres d'un lieutenant; la station locale, dont peut disposer le gouverneur, ne comprend que la canonnière le *Météore* (100 chevaux, 4 canons) et l'aviso de 2e classe le *Pingouin* (55 chevaux, 2 canons).

OBOCK. — Établissements du Gouvernement en 1885.

# CHAPITRE IV

## Économie politique et sociale.

Le climat d'Obock. — Bonne saison et mauvaise saison. — Direction des vents. — Le khramsine. — Les maladies. — Hygiène à suivre. — Disposition des habitations. — Les cultures d'Obock. — Essais à tenter : cocotier, ricin, eucalyptus, dattier. — Création d'oasis. — Culture du dattier et cultures intercalaires. — Essai de colonisation. — Puits artésiens. — Régime aquifère. — Fertilisation des terrains volcaniques. — Relations commerciales. — Le Choa. — La route d'Harrar et le Ras-Jibouti. — La ville d'Harrar. — Itinéraire des caravanes. — Travaux publics. — Le port d'Obock et le chemin de fer de Herrer. — Communications maritimes de la colonie avec la France et les ports de l'océan Indien. — Conclusion.

LE CLIMAT D'OBOCK : BONNE SAISON ET MAUVAISE SAISON. — Le climat d'Obock est un climat exclusivement sec, comme celui de toute la région saharienne.

L'année météorologique se divise en deux périodes : la bonne saison, ou saison fraîche, qui dure pendant sept mois, d'octobre à mai; la mauvaise saison, ou saison chaude qui a une durée de cinq mois seulement. Il n'y a donc pas de saison des pluies, comme sur la côte occidentale.

Toutefois le passage d'une saison à une autre ne s'accomplit pas brusquement et les mois d'avril et de mai, ainsi que ceux d'octobre et de novembre, constituent entre chaque saison une période intermédiaire.

Dans la bonne saison, le thermomètre ne dépasse guère 25 à 26 degrés; il monte vers 30 degrés pendant les mois intermédiaires et reste autour de 40 à 42 degrés durant la mauvaise saison. Les températures extrêmes sont : 17 à 18 degrés pendant la bonne saison, mais à deux ou trois reprises seulement et toujours le matin, — et 47 à 48 degrés pendant quelques journées de la saison chaude et seulement l'après-midi, de 2 heures à 4 heures. On peut dire d'ailleurs d'une façon générale, que la chaleur croît de mois en mois de la fin de janvier à la fin de juillet et décroît du milieu d'août jusqu'à la fin de décembre.

A Obock, le ciel est invariablement d'un bleu un peu cru, mais clair et limpide; ce n'est que pendant les mois intermédiaires, époque à laquelle la santé générale est d'ailleurs moins bonne que pendant le reste du temps, que l'on voit parfois, mais très rarement, le ciel se voiler et la pluie tomber après un violent orage.

Direction des vents. — Le khramsine. — Les vents varient naturellement selon les différentes époques de l'année; mais il en est deux surtout qui reviennent périodiquement pendant l'une ou l'autre saison et qui ont sur ces dernières une influence considérable.

Le premier est le vent d'est-nord-est, qui est généralement appelé mousson de nord-est et se fait sentir pendant la bonne saison. L'autre, qui est spécial à la saison chaude, a une direction exactement contraire : c'est le vent ou mousson du sud-ouest.

Ces vents ne règnent pas toute la journée et, lorsqu'ils tombent, c'est, pendant la bonne saison, le vent d'est, ou pendant la saison chaude, le vent du nord-ouest (également appelé *khramsine*) qui le remplace[1]. Ce vent s'élève ordinairement vers dix heures du matin et ne tombe que sur les dix ou onze heures du soir. Alors tout devient calme pendant quelques heures; puis, au milieu de la nuit, vers deux ou trois heures du matin, la mousson du sud-ouest reprend[2]. Cette dernière, quoique fort chaude, ne fatigue pas comme le khramsine. Avec celui-ci, il semble qu'on respire du feu; la gorge, les narines, la bouche se dessèchent, les paupières deviennent brûlantes et l'évaporation de la sueur est si rapide que toute la surface du corps reste constamment sèche; la soif est ardente et il est à la fois impossible et contraire à l'hygiène de ne pas boire, car il faut absolument fournir un aliment à la transpiration qui est, en ce cas, de toute nécessité. Le sommeil devient également très pénible; on est obligé, pour dormir, d'arroser son lit et de s'entourer le corps de linges imbibés d'eau.

Quand le khramsine souffle pendant longtemps, il arrive parfois qu'on est exposé à un accident. appelé le *coup de chaleur*, qui est à redouter principalement pendant les heures de calme qui suivent chaque période de khramsine. Il est en outre impossible de sortir et il faut rester calfeutré chez soi, malgré les 45 ou 46 degrés que marquent alors les thermomètres placés à l'intérieur des habitations.

La bonne saison est également chaude, mais elle est rela-

1. *Khramsine*, en arabe, veut dire cinquante; les Arabes prétendent en effet que ce vent règne pendant cinquante jours consécutifs. Malheureusement, il souffle parfois pendant plus longtemps, mais souvent avec interruption, et son passage est aussi pénible à l'Européen qu'à l'indigène.

2. On estime généralement que, sur les cent cinquante jours de mauvaise saison, il y en a environ soixante pendant lesquels règne le khramsine et quatre-vingt-dix pendant lesquels souffle la mousson du sud-ouest.

tivement plus agréable, et certaines heures de la journée — le matin, de six à huit ou neuf heures, le soir, à partir de cinq heures, — sont réellement délicieuses. Les nuits sont suffisamment fraîches et les écarts de température ne se manifestent jamais brusquement.

Les maladies. — L'anémie est peu à redouter à Obock, la fièvre y est rare et la dysenterie exceptionnelle. Celle-ci, lorsqu'elle se produit, est d'ailleurs bénigne et s'observe aux changements de saison, principalement chez les individus qui ne suivent pas les règles de l'hygiène. Elle n'a jamais un caractère d'acuité bien prononcé et ressemble plutôt à une diarrhée aiguë. Selon les cas, la diète, le repos, l'extrait de quinquina, le laudanum, l'alcool chaud (grog ou punch), ainsi que les sels neutres (sous-nitrate de bismuth, sulfate de magnésie, etc.) et certains astringents, tels que le tanin, le cachou, l'extrait de ratanhia, font partie de la médication ordinaire.

Les seuls maux ou accidents qui soient réellement à craindre, sont l'hépatite, l'insolation et le coup de chaleur.

L'hépatite (inflammation du foie, accompagnée de vomissements et parfois de jaunisse), se traite généralement avec des cataplasmes, de la glace, du calomel, des purgatifs, du sulfate de quinine, de l'aloès et même du jalap. L'insolation et le coup de chaleur se ressemblent beaucoup. La première, qui fait dans les pays chauds beaucoup plus de victimes qu'on ne pense, est causée le plus souvent par l'action du soleil sur la tête et surtout sur la nuque. Le coup de chaleur est dû à l'élévation de la température ambiante ; on peut en être atteint en l'absence du soleil, même à l'ombre ou dans un appartement [1]. Ces deux accidents se traitent à peu près de même : des lotions d'eau fraîche, des frictions, du thé, de l'eau coupée de

1. Le coup de chaleur se produit souvent dans la chambre de chauffe des navires qui traversent la mer Rouge, chambre où le thermomètre atteint parfois jusqu'à 72 degrés centigrades.

cognac, des purgatifs, des sinapismes ou des vésicatoires, parfois une saignée, mais, avant tout, du repos.

HYGIÈNE A SUIVRE. — Malgré son élévation, le climat d'Obock est aussi sain que possible et il suffit d'observer quelques précautions pour se bien porter. Il faut princi-

Tadjourah.

palement éviter les refroidissements, les excès de table ou autres, ainsi que l'usage des alcools et des liqueurs. La glace n'y est pas proscrite comme dans les climats humides, mais il est préférable de l'employer seulement pour rafraîchir les boissons au lieu de l'absorber directement. Les toniques, le vin, le fer, le quinquina, sont excellents, surtout lors d'un premier séjour dans le pays. Enfin la manière de se vêtir est d'une importance extrême.

Il faut proscrire d'une manière absolue, les coiffures pesantes, les vêtements chauds et lourds, surtout ceux qui sont ajustés et compriment le milieu du corps, ou ceux qui sont disposés de manière à recevoir une cravate.

Comme coiffure, on doit adopter le casque colonial, tel qu'on le porte aux Indes et au Tonkin ; on peut même y ajouter un léger parasol, dont l'usage est parfaitement admis en ces climats. Quant au vêtement, le plus pratique est celui qu'on a adopté dans l'Indo-Chine, c'est-à-dire un pantalon assez large, retenu aux hanches par une ceinture de flanelle et, par-dessus, une vareuse sans col, très large également, en étoffe légère (coton ou soie) de couleur claire ou blanche autant que possible.

Disposition des habitations. — Le séjour de la colonie d'Obock deviendra bien plus supportable, lorsque les Européens y trouveront le confort qui leur est nécessaire.

A un climat saharien, il faut une architecture saharienne et la disposition des maisons du sud-algérien, de l'Arabie ou du Maroc, avec leurs murs excessivement épais et leur cour intérieure entourée de galeries abritées du soleil, sur lesquelles s'ouvrent toutes les pièces de l'habitation, est certainement celle qui paraît la plus pratique [1].

A l'heure présente, en ce qui concerne les établissements de l'État, les ressources budgétaires du gouvernement local n'ont pas encore permis la construction de cette sorte d'habitations. Il est cependant nécessaire d'y songer ; on pourra atteindre ce résultat en agissant progressivement et le premier bâtiment de ce genre qui sera édifié est celui qui doit être affecté à l'hôpital.

Les cultures d'Obock. — Les productions du sol sont à peu près nulles.

Sauf auprès d'Obock et aux environs, il n'y a pas de cultures indigènes et les seuls végétaux qui donnent quelques produits ont été plantés et cultivés par les Européens ou à leur imitation.

1. Dans ces climats, lorsque la disposition de l'habitation le permet, une salle de bains est de toute nécessité.

C'est dans la vallée des Jardins, entre le gouvernement et le pénitencier, qu'il a été créé un champ de cultures maraîchères et fruitières, dont les produits servent à l'alimentation de la garnison, des fonctionnaires et des condamnés.

Ces cultures sont entretenues par des soldats d'infanterie de marine, jardiniers de profession, auxquels on a adjoint quelques Arabes, quelques Danakil et un certain nombre de transportés.

A force de soins, — car il a fallu acclimater ces plantes, — et grâce aux puits qui donnent de l'eau en abondance, on est arrivé à obtenir en assez grande quantité, pendant la saison fraîche, des légumes de toute espèce, radis, aubergines, tomates, salades, petits pois, haricots verts, carottes, concombres, pastèques. Quant aux fruits, on n'a récolté jusqu'ici que des grenades.

Autour du jardin du Gouvernement, il existe plusieurs autres jardins. Ce sont ceux de la mission catholique, ceux de la factorerie Mesnier, et quelques autres tout petits appartenant à des indigènes. Ils produisent les mêmes légumes et les mêmes fruits, possèdent de l'eau en abondance et ont, à eux tous, une superficie beaucoup plus grande que le jardin du Gouvernement.

Essais a tenter : Cocotier, ricin, eucalyptus, dattier. — Quelques cocotiers ont été plantés également ; ils poussent avec une vigueur surprenante. C'est là une plantation qui demande à être développée d'une façon sérieuse et des bouquets de cocotiers, dont on augmenterait peu à peu la superficie, auraient une influence excellente sur le pays ; outre les fruits qu'ils donneraient, ils permettraient, comme le dattier, certaines cultures intercalaires, serviraient de brise-vents et d'ombrage, et rendraient le paysage moins désagréable à l'œil [1].

1. Le cocotier ne produit que difficilement au delà du 24e degré de latitude ; passé cette limite, ce n'est plus qu'un arbre d'agrément.

Il serait intéressant d'essayer aussi le ricin, qui pousse fort bien dans tout le Sahara, atteint en quelques mois une hauteur de 3 à 4 mètres, puis devient un arbre de taille moyenne; de même pour l'eucalyptus qui vient sous toutes les latitudes, dans tous les terrains (il faut seulement choisir les espèces convenables) et est un assainissant précieux au bord des marécages.

Enfin des essais de palmiers dattiers ont eu lieu et ils ont pleinement réussi. Les arbres plantés sont vigoureux et bien venus ; mais ils n'ont encore que trois ans et l'on sait que les dattiers ne donnent généralement de fruits qu'à la fin de la cinquième année.

On peut être convaincu que cet arbre est l'avenir d'Obock au point de vue agricole. Partout où l'on pourra avoir de l'eau, il faut planter des *rharsas* (jeunes plants de dattier) et créer ainsi des oasis qui seront plus tard la prospérité du pays.

Il ne faut cependant guère y songer sur le littoral ; la terre végétale y est assez rare et, le plus souvent, son épaisseur est trop faible pour pouvoir y tenter une plantation.

C'est plutôt dans l'intérieur qu'on pourrait essayer de combattre l'aridité actuelle du sol par la création d'oasis.

A l'heure actuelle, la seule difficulté est la mauvaise volonté des indigènes qui, n'ayant pas encore saisi tout l'avantage qu'ils en retireraient, ne se soucient guère jusqu'à présent de devenir cultivateurs. Il ne faut pas oublier d'ailleurs qu'on est ici en présence de populations nomades, très sauvages et rebelles jusqu'ici à toute tentative de civilisation.

Avec de l'habileté, de la patience, de l'opiniâtreté même, on arrivera sans aucun doute à leur faire comprendre peu à peu tout ce qu'ils auraient à gagner le jour où les parties de leur pays, dans lesquelles on trouve de l'eau et de la terre végétale, seraient transformées en palmeraies.

Dans une palmeraie, on compte généralement 150 à

200 arbres femelles par hectare; mais à Obock comme rien ne pousse à l'ombre (c'est du moins ce que semblent prouver les quelques essais qui ont été tentés jusqu'ici), il suffirait d'en planter une cinquantaine seulement par hectare, de manière à ne pas intercepter le soleil, et à maintenir au contraire au-dessus du sol un peu d'humidité [1]. Au bout de six ou sept ans, ils sont assez grands pour permettre de faire ce qu'on appelle des cultures intercalaires; à la fin de la cinquième année, ils donnent une première récolte qui est environ le tiers de ce qu'elle deviendra par la suite; la production des arbres augmente ensuite d'année en année et le palmier est en plein rapport au bout de huit ans.

Tandis que le palmier pousse et grandit, on établit entre les lignes d'arbres ce qu'on appelle des cultures intercalaires qui se composent, tantôt d'arbres fruitiers ou autres, tantôt de plantes au ras du sol. Les arbres fruitiers que l'on choisit ordinairement sont le figuier, l'amandier, l'oranger, le bigaradier, le citronnier, le caroubier et enfin l'olivier. Les cultures du sol sont des plantes maraîchères, des plantes industrielles ou des céréales. On estime que ces cultures ajoutent 40 à 50 pour 100 au bénéfice de la récolte des palmiers.

On peut estimer, d'une manière générale, que la création d'une oasis nécessiterait, par hectare, en dehors des frais de sondage une dépense d'environ 300 à 350 francs [1].

Les bénéfices donnés par le palmier sont suffisamment connus aujourd'hui pour qu'on puisse les estimer d'une manière à peu près exacte. Chaque pied de palmier est en

1. Le palmier étant, comme la vanille, ce qu'on appelle un arbre dioïque, il faut le féconder pour qu'il produise. Un palmier mâle suffit pour 200 à 300 palmiers femelles.

2. Dans le sud algérien ou tunisien, le prix du *rharsa* (ou plant de palmier) est d'environ 1 fr. 25, au maximum; c'est donc pour 200 djebbars, une dépense de 250 francs environ par hectare; la mortalité des plants ne doit pas dépasser 5 ou 6 pour 100.

plein rapport, au plus tard, au bout de huit ans de plantation; à cinq ans, il donne environ 30 à 35 0/0 de son rapport, puis le produit augmente jusqu'à la huitième année. A huit ans, un palmier produit au moins de 3 fr. 50 à 4 francs de dattes; à cinq ans, il n'en donne encore que pour 1 fr. à 1 fr. 50, et ainsi de suite en augmentant jusqu'à ce qu'il atteigne le rapport total. On peut juger, d'après cela, quel est le bénéfice d'un hectare de palmeraie. Comme, dans tous les pays d'oasis, chaque arbre est, au bout de quinze années de plantation, frappé d'un impôt qui varie entre 20 et 30 centimes, il est facile de calculer ce que pourrait produire au gouvernement local d'Obock, au bout de quelque temps, la création dans l'intérieur d'un nombre important d'hectares de palmeraie, le jour où cette création serait possible, c'est-à-dire à la suite d'une entente avec les indigènes; ceux-ci, il est vrai, n'ayant pas encore compris tout l'avantage qu'ils retireraient d'une mise en valeur de leur pays et se complaisant dans leur existence nomade, si misérable qu'elle soit, se sont refusés jusqu'ici à laisser cultiver leur territoire; ce n'est que dans l'avenir, si les essais de sondage qu'il faudra bien tenter un jour dans ces régions, donnent des résultats suffisamment appréciables, qu'il faudra leur faire comprendre que la culture leur donnerait l'abondance et même la richesse.

Essai de colonisation. — Ce ne sont pas seulement les Arabes des environs, les Danakil du pays, les Somalis ou les Gallas des contrées voisines qui pourraient cultiver le palmier, le jour où ils consentiront à se fixer sur un point du pays et à devenir sédentaires. C'est aussi les Hindous et les Annamites provenant du pénitencier et libérés une fois leur peine expirée.

Il est à remarquer d'ailleurs que, dans une palmeraie bien irriguée, la température est sensiblement moins élevée que la température ambiante de l'extérieur. Dans le Sud tunisien, où la chaleur est certainement bien souvent plus forte qu'à Obock et où il se passe des années sans qu'il pleuve, le cultivateur n'a guère d'occupation que pendant les mois d'hiver (ce qui est la bonne saison au Sahara et à Obock)[1]; la récolte de dattes a lieu en novembre et en décembre, et la fécondation des arbres ou la plantation des rharsas du commencement de mars à la fin d'avril. Il en est de même pour certaines cultures intercalaires, c'est-à-dire celles qui ne comprennent que des cultures arborescentes (figuiers, amandiers, orangers, citronniers, bigaradiers, oliviers, etc.) et qui ne demandent que quelques soins.

Dans ces conditions, pendant la saison chaude, le colon qui n'aura, dans son oasis, ni à redouter le Khramsim, ni à craindre l'élévation de la température (il aura à peine, à l'époque la plus chaude, 25 à 28 degrés, tandis qu'il en fera 40 ou 42 dehors), pourra se reposer pendant la plus grande partie de la journée. A cette époque de l'année, son travail quotidien ne durera guère qu'une heure à une heure et demie et consistera à donner quelques légers soins à ses plantations et surtout à irriguer sa portion d'oasis, besogne qui ne donne aucune fatigue.

Un peu plus tard, s'il est tout à fait acclimaté et qu'il soit actif, il pourra essayer de se livrer aux cultures du sol, et montrera ainsi aux indigènes de la contrée tout le parti qu'ils pourraient tirer de semblables travaux. Peut-être ceux-ci se montreront-ils récalcitrants pendant quelques années et il y aurait encore, dans ce cas, avantage à essayer de se servir des adolescents en les habituant à la culture de la terre dès leur enfance.

1. En 1887, au mois d'avril, MM. Damour et Moreau, ingénieurs des mines, chargés d'une mission dans l'Arad (Sud tunisien), ont constaté pendant plusieurs jours, entre 8 et 9 heures du matin, une température de 40 et 41 degrés à l'ombre; au mois de juillet de la même année, M. Blanc, inspecteur adjoint des forêts, arrêté sur la lisière de l'oasis de Nefta (Djérid-tunisien) a constaté, à 2 heures de l'après-midi, une température de 56 degrés à l'ombre, température qui n'est pas connue à Obock.

Donc, s'il est possible de créer des oasis dans l'intérieur, ce qui ne peut être reconnu qu'après plusieurs tentatives sérieusement faites, le développement des cultures et principalement celui des cultures maraîchères méritera d'être vivement encouragé, car, au bout d'un certain temps, les paquebots et les navires de guerre, quels qu'ils soient, étant certains de trouver de l'eau et des vivres frais à Obock, feront escale en ce port et délaisseront peu à peu les ports de la côte d'Arabie dont la terre est absolument aride et où l'eau manque complètement, sauf en de rares endroits. Il pourra se créer de la sorte un certain mouvement commercial et les ressources de la colonie se trouveraient ainsi augmentées.

Régime aquifère. — Puits artésiens. — Mais la création d'oasis et de cultures de toutes sortes exige, avant tout, deux facteurs principaux : l'existence de l'eau et la fertilité du sol.

Voyons à cet égard quel peut être l'avenir d'Obock. Un ingénieur des mines, M. Aubry, qui a étudié, en 1883, le régime aquifère de la contrée, a reconnu l'existence d'une nappe d'eau douce assez importante.

Depuis cette époque, on a creusé un certain nombre de puits, mais l'eau y est saumâtre à cause des infiltrations de la mer et sert à abreuver les animaux domestiques. Cette nappe d'eau a été rencontrée au milieu d'une couche perméable placée entre deux bancs d'argile, dans la vallée des Jardins, à une profondeur variant de $0^m,50$ à 2 mètres; on la retrouve, dit M. Aubry, au-dessous des bancs de calcaire.

On avait pensé qu'en creusant plus profondément cette eau deviendrait meilleure; c'est le contraire qui est survenu : l'eau était plus saumâtre encore. On a reconnu alors qu'il y avait deux nappes successives très rapprochées : une première, d'eau douce mélangée d'eau salée, puis une seconde, due exclusivement aux infiltrations de la mer et absolument mauvaise.

Néanmoins, d'après la disposition géologique du terrain, des ingénieurs sondeurs ont estimé qu'en creusant très profondément ou en s'avançant un peu dans l'intérieur, on arriverait à dépasser ou à éviter la couche salée et à trouver une nouvelle nappe d'eau douce beaucoup plus importante que la première. Ainsi, sur le littoral, il faudrait dépasser de plusieurs mètres le plan formé par le fond de la mer. Quoique ce ne soit là que des appréciations ne reposant sur aucune donnée bien nettement établie, il n'en est pas moins vrai que l'expérience est utile à tenter et que la dépense ne serait pas excessive [1].

L'eau des puits actuels a été analysée par M. Aubry, qui a trouvé qu'elle contenait : de l'acide carbonique, du chlore, de l'acide sulfurique, de la chaux, de la magnésie, de la potasse, de la soude et de la silice, ou, si l'on préfère, — afin de rendre plus complète la ressemblance avec les eaux du sud des provinces de Constantine et de Gabès,— du bicarbonate et du sulfate de chaux, de la silice, du chlorure de sodium, du chlorure de potassium et du chlorure de magnésium [2].

Ce n'est pas à Obock seulement qu'on rencontre de ces puits, car il en existe de semblables tout le long de la côte.

A 5 ou 600 mètres à l'ouest du cap Obock, à l'extrémité du banc de *La Clocheterie*, on rencontre au milieu

1. Comme frais de premier établissement, un appareil de sondage est nécessaire et peut servir à tous les autres puits. Pour 8.000 à 9.000 francs, on aurait un appareil pouvant aller jusqu'à 250 mètres de profondeur et transportable par pièces à dos de chameau. Quant au tubage et à la main d'œuvre, il faut compter 4.000 à 5.000 francs pour un puits de 25 à 40 mètres, 8.000 à 9.000 francs pour un puits de 60 à 80 mètres et 12.000 à 14.000 francs pour un puits de 150 mètres.

2. Il est à remarquer qu'avec des tubages en fer comme ceux des puits artésiens, on arriverait à éviter, en partie du moins, des eaux sulfatées, calcaires et magnésiennes, le tubage évitant la plupart du temps le contact de l'eau avec les couches contenant du sulfate de chaux ou de la magnésie.

de la roche calcaire, deux ouvertures laissant échapper des eaux et des vapeurs sulfureuses. On croit que ces deux sources, qui doivent leur existence à la nature volcanique du sol, traversent l'argile et sont situées, la première à $2^m20$ au-dessous du sol, et la seconde à $1^m40$ : la température de l'eau à l'orifice du puits est de 80 degrés centigrades. Elles ont en partie la même composition que les précédentes, mais il s'y ajoute une forte quantité d'hydrogène sulfureux, ce qui explique leur nature toute spéciale.

Fertilité des terres volcaniques. — On voit donc, d'après ce qui vient d'être dit, qu'Obock ne manque pas d'eau; on va voir maintenant que le jour où on pourrait le cultiver, le sol, par sa nature, n'est point si rebelle qu'on l'a dit aux entreprises agricoles (toujours dans l'intérieur du pays et très peu sur la côte).

Dans son traité de la *Détermination des terres arables dans le laboratoire,* M. P. de Gasparin a démontré qu'on pouvait considérer une terre comme riche en potasse et acide phosphorique lorsqu'elle en contenait de 0,10 pour 100 à 0,15 pour 100 [1]. Or, les analyses faites jusqu'à présent des terres volcaniques utilisées par l'agriculture dans les pays civilisés, ont donné les résultats suivants [2] :

| | Potasse. | Acide phosphorique. |
|---|---|---|
| Trachytes..... | de 4,110 à 3,104 | de 0,217 à 0,109 |
| Basaltes...... | de 0,940 à 0,821 | de 0,499 à 0,479 |
| Laves......... | de 1,950 à 0,160 | de 1,100 à 0,147 |

1. On a vu, au chapitre II, que les terrains volcaniques se divisent, selon leur composition chimique en trachytes, laves, basaltes, etc. Ce qui distingue les roches volcaniques des roches primitives (granits, gneiss, micas, etc.), c'est que, outre la potasse que renferment ces dernières, les roches volcaniques contiennent encore une quantité assez considérable de chaux et une quantité parfois très forte d'acide phosphorique.

2. *Traité de géologie agricole,* par M. Risler, directeur de l'Institut agronomique.

On sait de plus aujourd'hui, par les beaux travaux de M. Georges Ville sur la végétation, que les plantes ont, avant toutes choses, besoin de quatre substances chimiques : l'azote, qu'on trouve en partie dans l'air, la chaux, l'acide phosphorique et la potasse. On voit donc, en se reportant à ce qui a été dit plus haut des données de M. de Gasparin, qui fait foi en matière agricole, qu'en général les terres volcaniques conviennent admirablement aux cultures ; il y a dès lors lieu de penser que dans l'avenir, après des essais sérieusement faits et répétés (car un seul échec ne prouve rien en matière agricole) des plantations de palmiers (qui demandent surtout du phosphate de chaux) et d'autres cultures appropriées au pays seraient une source de richesse pour notre colonie [1].

Relations commerciales. — Dans notre colonie d'Obock, l'industrie n'existe pas et l'on ne fait que du commerce.

Le nombre des commerçants s'élève actuellement à vingt-deux, dont quatre pour Jibouti ; sur ce nombre, il y a sept Français.

Les échanges ont lieu principalement avec les pays de l'intérieur, le Choa et le Harrar.

Les Danakil de Tadjourah ont toujours eu, avec la première de ces contrées, des relations fort suivies ; ils y importent des tissus d'Europe et des Indes, de l'acier, du cuivre, du zinc, de l'étain, de l'argent, de la bimbeloterie, de la verroterie et, en passant au Bahr-Assal, les caravanes y prennent en outre des quantités considérables de sel [2].

Le Choa. — Du Choa, les Danakil rapportent de l'ivoire,

1. Une grande partie des terres de la Sicile, autour de l'Etna, comprend : potasse, 0,574 ; acide phosphorique, 0,620. Autour du Vésuve, la composition de la lave arable est celle-ci : potasse, 3,470 et acide phosphorique 0,348.

2. Ils y échangent également des thalers de Marie-Thérèse, seule monnaie ayant cours en Abyssinie et au Choa. A la côte Somali, la monnaie courante est la roupie de l'Inde. A Obock, le gouverneur a réussi à faire adopter la monnaie française par les indigènes.

du café, de la poudre d'or, du musc, des plumes d'autruche et de l'encens. Jadis, ils y ajoutaient les esclaves des pays Gallas voisins du Choa, qu'on vendait à Tadjourah, lieu principal de la traite, et qu'on emmenait en Arabie. Mais le roi Ménélik ayant défendu ce trafic dans ses États et l'ayant énergiquement combattu, ce commerce est devenu presque impossible, du moins de ce côté. En outre, depuis près de deux ans, le sultan de Tadjourah, qui se mêlait volontiers à ce genre d'échanges, a, sur les instances du gouverneur d'Obock, supprimé officiellement dans ses États la traite des noirs, et un traité, signé à la fin de 1889, a confirmé cette interdiction; malgré cela, notre représentant à Obock fait quotidiennement surveiller la côte et visiter les centres indigènes, afin d'éviter la contrebande.

Depuis quelques années déjà, un certain nombre de Français ont fait avec le Choa des opérations directes, qui consistaient jadis dans la vente d'armes et de munitions de guerre, commerce aujourd'hui remplacé par les tissus, la verrerie, les articles de Paris, etc.

Le Choa, situé à 350 kilomètres de la côte, est, comme l'Abyssinie, un pays montagneux, très élevé au-dessus du niveau de la mer (1.600 mètres environ), d'un climat tempéré et d'une fertilité incomparable.

« Ce pays et l'Abyssinie, dit M. de Lanessan, sont destinés, par la douceur de leur climat, par la fertilité de leur sol et par l'abondance relative de la main d'œuvre, à devenir tôt ou tard de puissantes colonies européennes. Jusqu'à ce jour, les nations de l'Europe se sont surtout préoccupées de rechercher des débouchés pour leurs produits industriels. Le jour n'est pas éloigné où elles devront songer, dans une plus large mesure, aux colonies agricoles. » (*Expansion coloniale,* page 322.)

Les habitants du Choa (il y en a 1.500.000) sont plutôt guerriers que travailleurs, et le sol du pays produit si facilement qu'ils n'ont que peu d'efforts à faire pour en tirer ce qui suffit à leurs besoins. Aussi, quoique le caféier, le cotonnier, la canne à sucre, la vigne, les céréales y viennent admirablement, on n'en produit pas en quantités suffisantes pour alimenter un commerce important! Dans ces conditions, le trajet de Tadjourah à Ankober paraît devoir être trop coûteux à des caravanes nombreuses et fréquentes [1].

Le Choa, est un État indépendant, gouverné par un souverain assez bien disposé en faveur des Européens [2].

La route d'Harrar; le Ras-Jibouti. — Mais ce n'est pas seulement avec le Choa que les nations européennes

1. Un des produits les plus importants du Choa est le musc, qui provient d'un animal appelé civette. Les civettes sont généralement par troupes de 200 à 300 individus. Les mâles seuls fournissent le musc; chacun d'eux est enfermé dans une case très allongée, mais en même temps trop étroite et trop basse pour qu'il puisse se retourner. Les parcs sont chauffés à une température constante pour hâter la sécrétion qui n'a lieu que tous les quatre jours, et varie entre 80 et 100 grammes; pendant tout ce temps, on nourrit ces animaux de morceaux de viande de choix préparée au beurre. L'entrée des parcs à civettes est formellement interdite aux étrangers sous peine des punitions les plus sévères.

2. Le roi du Choa, Ménélik aspirait depuis longtemps à la succession du négus Jean d'Abyssinie. Celui-ci étant mort dans le courant de l'année 1889, Ménélik s'est emparé du trône d'Abyssinie sur lequel il a su se maintenir jusqu'à présent, malgré les attaques répétées de quelques-uns de ses rivaux à la couronne, qui ont pu, de leur côté, maintenir une partie du pays sous leur autorité. La lutte est loin d'être terminée et l'on ne sait encore si Ménélik réussira à repousser ses concurrents d'une manière définitive.

Ajoutons qu'au moment où les puissances européennes cherchent à pénétrer de tous les côtés dans l'intérieur du continent africain et à se partager ses différents territoires, trois nations principalement cherchent à faire la conquête commerciale (ou même territoriale) des contrées qui nous occupent ici d'une façon directe ou indirecte; les Italiens ont jeté les yeux sur l'Abyssinie, les Français ont une grande influence au Choa et une plus grande encore dans les pays Gallas ainsi que dans la contrée de Harrar; enfin les Anglais ont songé à l'immense pays des Somalis, qui va jusqu'au delà du cap Guardafui.

établies sur la côte du Somal ont songé à créer des relations commerciales; c'est aussi avec la contrée de Harrar, qui est séparée du Choa par des pays Gallas indépendants et dont la capitale (qui a donné son nom au pays) est située à 200 kilomètres à l'est d'Ankober et à 240 kilomètres de la mer.

La France, qui a le protectorat d'une grande partie du pays situé entre la capitale et le littoral, y a une influence considérable; à côté d'elle, et dans des proportions un peu moindres, vient l'Angleterre, qui est provisoirement établie à Zeïlah et Berberah, qu'elle administre pour le compte du gouvernement égyptien, à qui ces villes appartiennent.

De ces deux villes, Berbérah seule a quelque avenir; elle possède un bon port, le meilleur de la côte jusqu'au cap Guardafui, tandis que Zeïlah n'a qu'une mauvaise rade foraine, nullement abritée des vents du sud-ouest ou du nord-ouest; cette rade est si peu profonde, que les bâtiments doivent mouiller à 3 ou 4 milles de la côte [1].

Depuis le mois de mars 1888, notre territoire s'est accru d'un nouveau port, celui du Ras-Jibouti, au sud des îles Mouscha. En cet endroit, le rivage forme une anse dont les contours sont assez accentués pour préserver les navires des vents du nord-est; le mouillage est sûr, profond et, à quelques centaines de mètres de la mer, une chaîne de collines abrite des vents du sud-ouest. En quelques mois, il s'est créé au Ras-Jibouti un mouvement commercial assez considérable, et les départs ou les arrivées de caravanes vont sans cesse en nombre croissant.

LA VILLE D'HARRAR. — Située à 1.856 mètres au-dessus du niveau de la mer, Harrar a une population de 30 à 35.000 âmes et une superficie de 48 hectares [2]. Presque

1. Rappelons que le mille est de 1,852 mètres.
2. Comme terme de comparaison, le Champ de Mars de Paris a une superficie d'environ 36 hectares.

tous marchands, les Harrarites sont de fanatiques musulmans, qui appartiennent, comme les Persans, à la secte chiite. L'instruction publique y est fort développée, et presque tous les enfants, quelle que soit leur condition, savent lire et écrire en arabe. Les principales industries de la ville sont : les étoffes rouges ou noires, qui s'emploient toutes dans le pays, les poteries fines, les cuirs et la reliure[1]. Les productions de l'agriculture ou de l'élevage sont en partie les mêmes qu'en Abyssinie, c'est-à-dire les chèvres, les bœufs, les moutons, les chevaux, les plumes d'autruche, l'encens, l'ambre, la gomme, la myrrhe, le piment, le tabac, le pavot à opium, les figues, les bananes, les raisins, les oranges et les légumes d'Europe. Les Harrarites cultivent aussi le café, qu'on exporte en Arabie, d'où les villes d'Aden, de Moka et d'Hodeïdah l'expédient en Europe sous le nom de *moka*.

Les pays Gallas. — Ceux-ci, qui sont complètement indépendants, sont situés au sud-est du Choa et à l'est du Harrar, qu'ils séparent l'un de l'autre. Ce sont des territoires très fertiles, habités par des populations industrielles et laborieuses avec lesquelles la France a déjà passé un certain nombre de traités de protectorat.

Itinéraire des caravanes. — Plusieurs routes mènent de la côte, soit à Harrar, soit aux pays Gallas, soit enfin au Choa. Les principales, pour aller à Harrar, sont celles de Berbérah, de Zeïlah, et maintenant celle du Ras-Jibouti, qui devient peu à peu la plus fréquentée.

Pour se rendre au Choa, les routes sont plus nombreuses. Les quelques voyageurs italiens qui y sont allés en partant d'Assab, ont gagné le cours de l'Haouach, à l'ouest du lac Aoussa.

D'Obock, il y a la route d'Aoussa, peu fréquentée en ces dernières années à cause des attaques auxquelles les

1. On sait que les ouvriers relieurs d'Harrar sont si habiles que les marabouts de la Mecque y envoient leurs manuscrits à relier.

caravanes ou les voyageurs étaient en butte de la part du sultan de cette contrée. Il y a également la route qui passe par Tadjourah et que les caravanes mettent trente-cinq jours à parcourir pour atteindre Ankober. Cette route traverse les localités suivantes : Latella, Mangaïa, Tadjourah, Ambabo, Sagallo, Alaxitane, Dalliboui, Saggadéra, Sekaïto, Abou-Youssouf, Sabolla, Arabdéra, Amédou, Fialou, Baroudagga, Killelou, Adeïto, Hassanderi, Melasni, Darar, Meta, Korikati, Amoïssa, Elinforo-on-Moulou, Dankaka, Lemafdaga, Billen, Bonta, Killolé, Datahora, Farré et Ankober.

Les caravanes qui passent par Tadjourah et se dirigent vers les pays Gallas ou vers Harrar suivent la même route jusqu'à Sabolla ; à partir de ce point, celles qui vont à Harrar se dirigent sur Las-Hadaïa, Mallik, Arro, Ouarouf et Babab, localités visitées par le capitaine Hénon au cours de son voyage au Choa et au pays de Harrar.

Toutefois la cession à la France du port de Ras-Jibouti, dont le mouvement maritime commercial s'accroît sans cesse, a apporté dans ces itinéraires des modifications d'autant plus importantes qu'à l'heure présente, nous sommes en possession d'une route à la fois courte et facile menant à la fois chez les Gallas et au pays de Harrar, et et sur laquelle pourra s'embrancher une autre route menant vers Ankober et le Choa; mais il sera nécessaire toutefois de songer à aménager le port de Jibouti, ainsi que celui d'Obock, de manière à donner toutes facilités aux navires qui y feront escale [1].

1. Il faut en effet qu'ils y trouvent les mêmes commodités qu'à Aden, tant pour l'approvisionnement en vivres que pour les réparations. Il est également nécessaire qu'ils puissent s'y approvisionner de charbon au même prix qu'à Aden. Or, aujourd'hui, la tonne de charbon est fournie aux navires par la compagnie concessionnaire au taux de 75 francs, alors qu'elle ne vaut que 46 francs à Aden. Mais il ne faut pas oublier que ce prix est celui qui avait été fixé en 1883, au moment où les ports anglais nous étaient fermés, où il n'existait rien encore à Obock et où il

COMMUNICATIONS MARITIMES DE LA COLONIE AVEC LA FRANCE ET LES PORTS DE L'OCÉAN INDIEN. — Le port d'Obock est de plus en plus fréquenté, et les améliorations qu'on y projette augmenteront encore son mouvement maritime. Une partie des navires qui viennent y mouiller sont des bâtiments de commerce, l'autre partie se compose de paquebots-poste ou de navires de guerre.

Depuis le mois d'août 1888, la colonie d'Obock est en relations directes avec la France par les paquebots des Messageries maritimes qui desservent la côte orientale d'Afrique.

Ces paquebots quittent Marseille le 12 de chaque mois, font escale à Port-Saïd, à Suez, arrivent à Obock douze jours après le départ de France (le 24) et continuent leur route par Aden, Zanzibar, Mayotte, Nossi-Bé, Diégo-Suarez, Sainte-Marie, Tamatave, la Réunion et Maurice.

Au retour, le même itinéraire est suivi en sens inverse et le paquebot passe à Obock le 10 de chaque mois; onze à douze jours après, il revient à Marseille.

Obock entretient ainsi des relations avec certains ports de l'océan Indien, non seulement à cause des marchandises d'Europe que la colonie peut y importer, mais aussi parce qu'elle doit y avoir recours pour se procurer différentes matières très communes ou certains matériaux qui ne voyagent que par voiliers et ne peuvent, par conséquent, franchir le canal de Suez [1].

Le port d'Obock reçoit également les navires de l'État qui partent de Toulon tous les quarante jours et font le service de l'Indo-Chine. Enfin, deux fois par mois, une fois

fallait absolument ravitailler nos navires allant en extrême Orient ou rentrant des mers de Chine. Naturellement ce prix prendra fin avec la concession actuelle et sera beaucoup modifié par la suite.

1. Les vapeurs seuls franchissent le canal de Suez; les voiliers ne peuvent le faire, à cause de la direction ordinaire des vents de ces contrées.

à l'aller, une fois au retour, des boutres arabes apportent d'Aden les diverses marchandises nécessaires aux commerçants européens et indigènes. Quand le vent est favorable, ces boutres peuvent faire ce trajet en quinze ou dix-huit heures; mais quand il est contraire, il arrive parfois qu'ils restent plusieurs jours en mer.

Le prix du fret de Marseille à Obock, pour les paquebots des Messageries maritimes, est de 28 francs la tonne de 700 kilog. ou le mètre cube (au choix de la compagnie) pour les marchandises prises à quai. Pour les marchandises déposées à Paris et embarquées, à la volonté du chargeur, à Marseille ou au Havre, le prix est de 40 francs par mètre cube ou tonne de 1000 kilog. (toujours au choix de la compagnie), plus le transport par chemin de fer de Paris au Havre ou à Marseille. A Obock, le débarquement est fait par les soins d'une compagnie spéciale.

Quant aux passages, qui varient selon les classes, les prix en sont fixés comme suit :

1re classe : 850 francs; — 2e classe : 600 francs; — 3e classe : 300 francs. Les militaires et les fonctionnaires jouissent d'une réduction de 30 0/0 sur le prix du passage.

Obock est également en communication télégraphique avec la métropole ; le prix des dépêches (par Malte et Marseille) est de 4 francs par mot.

Conclusion. — Il résulte, de tout ce qui vient d'être dit que, dans un avenir qui n'est peut-être pas aussi éloigné qu'on le pense, Obock pourra devenir une escale importante pour les paquebots qui suivent la route des Indes et de Chine ou celle de l'Australie, et faire ainsi à Aden, où l'on ne trouve ni eau ni vivres frais, une concurrence sérieuse.

Le premier effort à faire à cet égard est l'amélioration du port; de même l'abaissement du prix du charbon. Le gouvernement local dispose d'une main-d'œuvre avec laquelle il lui sera, sans aucun doute, possible d'effectuer une partie des travaux et peut-être créer à l'intérieur de petites oasis, sur lesquelles on pourrait fixer les condamnés libérés et former ainsi un noyau de population sédentaire; mais cette création est, comme nous l'avons dit, subordonnée à la recherche d'eaux artésiennes et surtout aux dispositions des indigènes danakil, qui jusqu'ici se sont fermement opposés à l'établissement d'étrangers (Européens ou autres) sur les territoires qui leur appartiennent.

La création successive des oasis, non seulement sur certains points de l'intérieur, mais le long des routes commerciales, s'il était possible de le faire, donnerait à la colonie une prospérité et une importance inespérées jusqu'à ce jour.

Enfin il faudra songer au port du Ras-Jibouti, et aux relations avec les contrées de l'intérieur. C'est principalement du côté du Harrar et des pays Gallas indépendants, situés entre le Choa et le Harrar, que nous devons surtout concentrer nos efforts; c'est de ce côté que se trouve le véritable avenir commercial de la colonie.

## Bibliographie.

ARRAULT (PAULIN). *Procédés et outils de sondage*, Paris, 1889.

CAIX DE SAINT-AYMOUR (VICOMTE DE). — *Les Intérêts français dans le Soudan éthiopien*, Paris, 1887.

CONGRÈS COLONIAL. — *Procès-verbaux et rapports.* Paris, 1890.

FAUROT (docteur). — *Voyage au golfe de Tadjourah.*

GAFFAREL. — *Les Colonies françaises.* Paris, 1885.

DE LANESSAN. — *L'Expansion coloniale de la France*, Paris, 1886.

MAGER. — *Atlas colonial.* Paris, 1884.

N... — *D'Obock au Choa.*

NICOLAS. — *Guide médical du voyageur en Afrique.* Paris, 1886.

*Notes manuscrites.*

RAMBAUD. — *La France coloniale*, Paris, 1886.

RIVOYRE (DENIS DE). — *Les Français à Obock.* Paris, 1888.

RECLUS. — *Géographie universelle.* Paris, 1887.

VIGNON. — *Les Colonies françaises.* Paris, 1885.

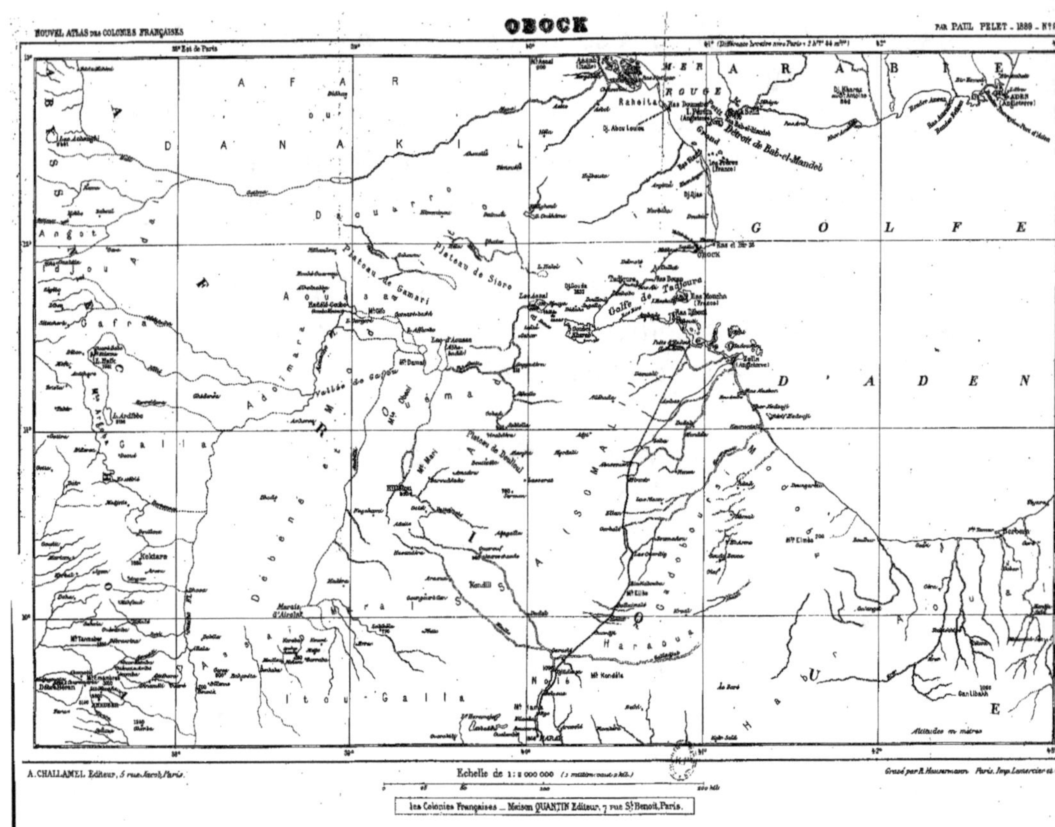
NOUVEL ATLAS DES COLONIES FRANÇAISES
OBOCK
PAR PAUL PELET _ 1889 _ N° 9
MER ROUGE
ARABIE
ADEN (Angleterre)
Détroit de Bab-el-Mandeb
GOLFE D'ADEN
OBOCK
Golfe de Tadjoura
Tadjoura
Zeila (Angleterre)
Berbera
AFAR ou DANAKIL
Plateau de Gamari
Plateau de Sioro
Vallée de Gallou
SOMALIS
Harar
Itou-Galla
Altitudes en mètres
A. CHALLAMEL Editeur, 5 rue Jacob, Paris.
Echelle de 1 : 2 000 000
Gravé par R. Hausermann. Paris. Imp. Lemercier et Cie
Les Colonies Françaises _ Maison QUANTIN Editeur, 7 rue St Benoit, Paris.

Paris. — Maison Quantin, 7, rue Saint-Benoît.

www.ingramcontent.com/pod-product-compliance
Lightning Source LLC
LaVergne TN
LVHW050538100826
845148LV00002B/601

* 9 7 8 2 0 1 2 5 7 4 4 2 7 *